FIT mit BABY

Anton Hofmann

Lustige PAPA-BABY-WORKOUTS

RBM PUBLISHING

Titel
Copyright © 2024 Anton Hofmann

Herausgeber: RBM Publishing
Autor: Anton Hofmann
Umschlaggestaltung: Daniela Patricia Brenner
Buchsatz: Daniela Patricia Brenner
Lektorat: Katrin Niedermann
ISBN: 978-3-903505-36-0 (Ebook)
　　　978-3-903505-37-7 (Taschenbuch)
　　　978-3-903505-38-4 (Hardcover)

Das Werk, einschließlich seiner Teile, ist urheberrechtlich geschützt. Jede Verwendung ist ohne Zustimmung des Herausgebers unzulässig. Dies gilt insbesondere für die elektronische oder sonstige Vervielfältigung, Übersetzung, Verbreitung und öffentliche Zugänglichmachung.

INHALTSVERZEICHNIS

VORWORT 5
KAPITEL 1 7
   Gestatten, Papa: Das musst du über die Papa-Baby-Beziehung wissen 7

KAPITEL 2 – 1. MONAT 17
   Infoseite: Das kann dein Nachwuchs im ersten Monat! 17
   Ran an den Speck: Fett weg – Muskeln wachsen 20
      Übung 1: Liegestütze – den Mini fest im Blick 20
      Übung 2: Walking Dad – Der Känguru-Papa 23
      Übung 3: Kniebeugen mit Faktor Baby – jeden Tag ein wenig schwerer 26
      Entspannung 1: Progressive Muskelentspannung nach Jacobson 28
   Ernährungshinweise 30
   Mitmachseite: So schaut's aus! 32

KAPITEL 3 – 2. MONAT 36
   Infoseite: Das kann dein Nachwuchs im zweiten Monat! 36
   Ran an den Speck: Fett weg – Muskeln wachsen 39
      Übung 4: Side Squat – Rhythmus für dein Baby 39
      Übung 5: Wandsitz – ein Thron für deinen Nachwuchs 42
      Übung 6: Radsport – mit „Beiwagen" 44
      Entspannung 2: Bodyscan 46
   Ernährungshinweise 47
   Mitmachseite – So schaut's aus! 48

KAPITEL 4 – 3. MONAT 52
   Infoseite: Das kann dein Nachwuchs im dritten Monat! 52
   Ran an den Speck: Fett weg – Muskeln wachsen 55
      Übung 7: Handlauf in Stütz – Hallo und Tschüss! 55
      Übung 8: Links-Außen – Rechts-Außen 58
      Übung 9: Flieger – Rückentraining im Liegen 60
      Entspannung 3: Atemübung – schnelle Entspannung für Zwischendurch 62
   Ernährungshinweise 63
   Mitmachseite – So schaut's aus! 64

KAPITEL 5 – 2. QUARTAL (4. BIS 6. MONAT)   68

- Infoseite: Das kann dein Nachwuchs im zweiten Quartal!   68
- Ran an den Speck: Fett weg – Muskeln wachsen   70
  - Übung 10: Ausfallschritt mit „Gewicht"   70
  - Übung 11: Einarmige Liegestütze auf der Seite   72
  - Übung 12: Trocken-Lauf – Laufen auf der Stelle   74
- Ernährungshinweise   75
- Mitmachseite – So schaut's aus!   76

KAPITEL 6 – 3. QUARTAL (7. BIS 9. MONAT)   80

- Infoseite: Das kann dein Nachwuchs im dritten Quartal!   80
- Ran an den Speck: Fett weg – Muskeln wachsen   82
  - Übung 13: Lauf, Papa, lauf – Joggen mit Baby   82
  - Übung 14: Parkbank-Liegestütze für draußen   84
  - Übung 15: Bauchmuskeltraining im Sitzen – aber mit „Gewicht" (Pilates)   86
- Ernährungshinweise   88
- Mitmachseite – So schaut's aus!   90

KAPITEL 7 – 4. QUARTAL (10. BIS 12. MONAT)   94

- Infoseite: Das kann dein Nachwuchs im vierten Quartal!   94
- Ran an den Speck: Fett weg – Muskeln wachsen   96
  - Übung 16: Flieger – Mucki-Training für Papa und Mini   96
  - Übung 17: Bein- und Bizeps-Training   99
  - Übung 18: Die Baby-Schaukel   101
- Ernährungshinweise   103
- Mitmachseite – So schaut's aus!   104

KAPITEL 8 – 2. LEBENSJAHR (13. BIS 24. MONAT)   108

- Infoseite: Das kann dein Nachwuchs im zweiten Lebensjahr!   108
- Ran an den Speck: Fett weg – Muskeln wachsen   111
  - Übung 19: Wandern mit „Sparringspartner"   111
  - Übung 20: Die Mondrakete   113
  - Übung 21: Super-Flieger   115
- Ernährungshinweise   117
- Mitmachseite – So schaut's aus!   118

KAPITEL 9 – ANHANG 121
   Papa-Baby-Bucketlist 121
   Mitmach-Seiten/ Meilensteine 127
   Haftungsausschluss 132
   Urheberrecht 132
   Impressum 132

VORWORT

Hi Papa!

Ganz gleich, ob dein Nachwuchs schon auf der Welt ist oder ob ihr euch noch auf der Zielgraden befindet: Du bist gefragt! Kinder brauchen (auch) starke Papas! Und das im doppelten Sinne: Sie brauchen einen starken, präsenten Papa. Das bedeutet eine gute Bindung zwischen dir und deinem Mini. Andererseits darf Papa ruhig stark im wahrsten Sinne des Wortes sein. Und genau darum geht es in diesem Buch: Werde (oder bleibe) im wahrsten Sinne des Wortes stark und baue eine starke, belastbare Bindung zu deinem Mini auf.

Dieses Buch ist in mehrere Kapitel aufgeteilt: Du erfährst alles Wesentliche über die Entwicklungsschritte deines Nachwuchses. Es gibt jede Menge Fitness- und einige Entspannungs-Übungen, die du „mit" deinem Nachwuchs gemeinsam machen kannst. Außerdem findest du Ernährungstipps für den Mini, Rezepte für gesunde, schnelle Snacks für dich und eine Bucketlist mit coolen Aktivitäten für dich und deinen Nachwuchs. Noch nicht genug? Dann nutze die Mitmachseiten, um sportliche Aktivitäten, die Entwicklung von Mini und eure gemeinsamen Abenteuer zu dokumentieren.

Dieses Buch begleitet dich durch die ersten zwei Jahre mit deinem Mini. Es trägt dazu bei, dass du eine gute Bindung zu deinem Mini aufbaust, an deiner Fitness arbeitest, lernst zu relaxen und dich gesund zu ernähren. Außerdem wird die Mama von deinem Mini es zu schätzen wissen, wenn du dich um den Nachwuchs kümmerst und gleichzeitig deinen Körper stählst. Super-Papa? Yes, you can!

Viel Spaß!

GESTATTEN, PAPA: DAS MUSST DU ÜBER DIE PAPA-BABY-BEZIEHUNG WISSEN

Mama ist die Beste! Und Papa ist der Beste! Babys können mehrere Lieblingsmenschen haben. Es liegt also in deiner Hand, ob Mama die unangefochtene Nummer 1 ist oder ob euer Nachwuchs das Glück hat, zwei Menschen auf Platz 1 setzen zu können. Dein Nachwuchs profitiert davon, wenn du als Papa präsent bist. Von Anfang an und nicht erst, wenn es ans Fußballspielen geht. Übrigens: Als Papa bist du bei einem Sohn und einer Tochter gleichermaßen gefragt. Und noch was: Du und deine Liebste profitiert auch davon, wenn du die Rolle des Vollblutvaters übernimmst. Ihr könnt euch die Verantwortung teilen. Und ihr habt den Kopf frei, um weiter ein Paar zu sein – und nicht „nur" gestresste Mama und abwesender Papa.

Wie wird man ein richtiger Papa?

O. K. – bitte die Frage genau lesen: Es geht nicht darum, wie „Mann" Vater wird, vielmehr wie „Mann" ein Papa wird. Das ist ein gewaltiger Unterschied! Idealerweise hältst du dieses Buch in den Händen, während deine Frau noch schwanger ist, denn das Bonding zwischen Papa und Baby beginnt schon vor der Geburt. Aber vielleicht hast du die Zeit ja ohnehin schon genutzt, um für deinen Nachwuchs präsent zu sein (und deine Frau zu unterstützen). So funktioniert Bonding vor der Geburt:

» *Gehe zu den Voruntersuchungen mit: Wenn du den Minimenschen im Ultraschall siehst und das kleine Herz schlagen hörst, baust du viel schneller eine emotionale Bindung auf. Und das merkt dein Nachwuchs.*

» *Entwickele eine Routine mit deinem Baby in Mamas Bauch: Du kannst – wenn deine Partnerin das mag – die Hände auf den Kugelbauch legen oder dem Minimenschen ein Gutenachtlied vorsingen. Wenn du nicht singen kannst, lies einfach eine Gutenachtgeschichte vor.*

» *Gehe mit zum Geburtsvorbereitungskurs: Erstens bist du dann (besser) auf das vorbereitet, was dich während der Geburt erwartet, und zweitens nimmst du Anteil am Leben deines Babys.*

» *Die Geburt: Wenn es sich für euch beide richtig anfühlt, sei bei der Geburt dabei. Sonst: Bleib in der Nähe, sei erreichbar, falls deine Familie dich braucht – und damit du den Mini auf jeden Fall direkt begrüßen kannst!*

Dein Baby ist schon auf der Welt? Glückwunsch! Nutze die erste Zeit besonders intensiv, denn Studien zeigen, dass Babys in den ersten drei Monaten ihren Lieblingsmensch beziehungsweise ihre Lieblingsmenschen festlegen. Babys können sich nämlich auch an mehrere primäre Bezugspersonen gleichzeitig binden. Du brauchst also keine Sorge zu haben, dass du der Mama den Rang abläufst. Die Zauberworte heißen: Oxytocin und Bonding! Oxytocin ist das Kuschelhormon, das durch Nähe entsteht. Je mehr Zeit und Nähe du also deinem Nachwuchs schenkst, desto größer ist eure emotionale Bindung. Und so funktioniert das Bonding:

» *Kuschelalarm: Nimm dein nacktes Kind in den Arm und lege es Haut an Haut auf deine Brust. Dieser enge Hautkontakt wird bei Frühchen genutzt, aber ist auch bei reif geborenen Babys perfekt, um Bindung aufzubauen. Genau dabei wird nämlich Oxytocin ausgeschüttet.*

» *Übernimm Aufgaben: Wickeln, An- und Ausziehen, Baden – all das kannst du als Papa genauso gut wie die Mama. Gerade wenn es euer erstes Kind ist, habt ihr beide ja genau gleich viel Erfahrung, nämlich gar keine!*

» *Noch mehr Oxytocin: Nimm ein Bad mit deinem Baby. Oder gönne deinem Nachwuchs eine Babymassage.*

» *Babytrage statt Kinderwagen oder Stubenwagen: Investiere in eine Babytrage. Achte darauf, ab welchem Alter oder welchem Gewicht des Babys diese genutzt werden kann. So hast du deinen Nachwuchs immer ganz nah bei dir – draußen, aber auch zuhause.*

» *Präsenz: Das ist noch so ein Zauberwort. Zeige deinem Nachwuchs, dass du wirklich da bist und nicht nur anwesend. Das bedeutet, dass du deinen Nachwuchs anschaust, mit ihm sprichst, seinem Gebrabbel zuhörst und darauf reagierst. Albern? Langweilig? Nicht für echte Papas!*

Sollte nicht die Mutter im ersten Jahr für das Baby da sein?

Klar doch. Aber eben nicht nur! Wenn du ein enges Verhältnis zu deinem Nachwuchs haben möchtest, statt nur der Brötchenverdiener zu sein, dann nutze das erste Jahr. Denn jetzt wird der Grundstein gelegt für eure Beziehung. Du sollst als Papa nicht der Mutter Konkurrenz machen und ersetzen kannst du sie ohnehin nicht. Aber es gibt Dinge, die macht ein Papa einfach anders als die Mutter. Und das ist gut so! Außerdem: Wenn dein Nachwuchs zu euch beiden einen guten Draht hat, dann hat es immer einen Plan B.

Übrigens macht es keinen Unterschied, ob du einen Sohn oder eine Tochter hast. Eine enge Beziehung ist in jedem Fall wichtig. Auch wenn deine Rolle natürlich – zumindest im Laufe der Zeit – bei einer Tochter etwas anders aussieht als bei einem Sohn. Verständnis, Liebe und Unterstützung brauchen sowohl Mädchen als auch Jungs.

Das können Papas (in der Regel) besonders gut:

- » *Autonomie fördern: In den meisten Familien ist die Mutter der Ruhepol und der Anlaufpunkt in Gefühlsfragen. Dafür kannst du als Papa dich als Ansprechpartner in Sachen Autonomie positionieren. Du hast, alleine weil du ein Mann bist, in manchen Dingen eine andere Sicht. Dein Nachwuchs muss sich deiner Sicht nicht anschließen, aber du kannst eine andere Perspektive vermitteln.*

- » *Türöffner in die Welt: Im ersten Lebensjahr, und in Teilen sogar noch darüber hinaus, sind Baby und Mutter eine Einheit. Dein Nachwuchs sieht tatsächlich keinen Unterschied zwischen sich und der Mama. Nach und nach erkennt das Kind, dass es ein eigenständiges Individuum ist und wendet sich der Welt zu. Diesen Prozess kannst du als Papa noch besser unterstützen als die Mama.*

- » *Papa-Sohn-Beziehung: Für einen Jungen bist du das erste gleichgeschlechtliche Vorbild und damit eine Identifikationsfigur. Viele Jungs sind zudem wilder als Mädchen. Das bedeutet, dass du mit dem Sohnemann richtig toben kannst! Sollte dein Sohn eher ruhig sein, dann versuche nicht, ihn zu verbiegen. Sei als Vater für ihn da und nimm ihn so an, wie er ist. Vor allem wird dein Sohn im Laufe der Zeit beobachten, wie du mit seiner Mutter (also deiner Partnerin) umgehst.*

- » *Papa-Tochter-Beziehung: Du bist der erste Mann, den deine Tochter kennenlernt. Das bedeutet auch, dass du das Männerbild deiner Tochter nachhaltig prägst. Übrigens haben Studien gezeigt, dass Mädchen sich mehr zutrauen, wenn sie ein stabiles Verhältnis zu ihrem Vater haben.*

Warum ist eine sichere Bindung zu Papa (und Mama) für das Kind so wichtig?

Babys brauchen Nähe, Schutz und Zuwendung – und zwar genauso dringend wie Nahrung. Nur Babys, die Schutz und Sicherheit erfahren, lernen, was eine zuverlässige Bindung ist. Und nur Kinder, die eine zuverlässige Bindung zu ihren Eltern haben, können sich mit einem guten Gefühl (der Sicherheit) auf Erkundungstour in die Welt begeben. Das bedeutet: Wenn du möchtest, dass dein Nachwuchs seinen Weg im Leben macht, solltest du dafür sorgen, dass du eine sichere Bindung zu ihm aufbaust. Eine sichere Bindung zu dir, der Mutter, aber auch zu Großeltern oder etwa der Tagesmutter ist die beste Basis für eine gesunde Entwicklung deines Kindes.

Die erste Voraussetzung dafür, dass eine sichere Bindung entstehen kann, ist ganz banal: Dein Baby muss merken, dass es sich auf die wichtigsten Bezugspersonen, also auch auf dich, verlassen kann. Das zeigst du ihm, wenn du auf seine Bedürfnisse reagierst:

- Es hat Hunger oder Durst.
- Es braucht Nähe.
- Es hat Schmerzen.
- Es hat die Windel voll.
- Ihm ist zu kalt oder zu warm.
- Es hat sich erschreckt, weil es zu hell, zu dunkel, zu laut oder zu leise um es herum ist.

Am Anfang kann dein Baby nur durch Weinen oder Jammern auf seine Bedürfnisse aufmerksam machen. Deshalb ist es wichtig, dass du auf diese Signale achtest. Früher hieß es, dass man nicht sofort springen solle, wenn ein Baby schreit. Das ist inzwischen widerlegt. Wenn dein Baby weint, reagierst du! Ende! Nur so kannst du sicherstellen, dass dein Baby Urvertrauen entwickeln kann und ihr eine sichere Bindungsbeziehung aufbaut. Und so klappt es mit dem Aufbau der Bindungsbeziehung:

- » *Wenn dein Baby weint, ruft, sich an dich klammert oder seine Händchen nach dir reckt, braucht es Nähe. Nimm es auf den Arm, tröste es, beruhige es und versuche herauszufinden, was das Bedürfnis deines Babys ist.*

- » *Wenn du auf dein Baby in dieser Form reagierst, lernt es, dass es sich auf dich verlassen kann. Es speichert jede Situation, in der auf seine „Hilferufe" direkt und liebevoll reagiert wird, als positive Bindungserfahrung ab. Es weiß dann, dass es von dir Nähe und Fürsorge erhält.*

- » *Wenn dein Kind älter wird, kann es auch aus Frustration weinen, weil etwas nicht gelingt. Dann ist es wichtig, dein Kind durch Aufmunterung und Ermutigung darin zu bestärken, dass es sein Ziel erreichen kann. Beispiel? Dein Baby möchte gerne krabbeln, aber es funktioniert noch nicht so ganz. Bleibe bei deinem Baby, lobe es für seinen Versuch. Biete Hilfestellung an. Denn Kinder lernen am besten, wenn du ihnen hilfst, es selbst zu machen!*

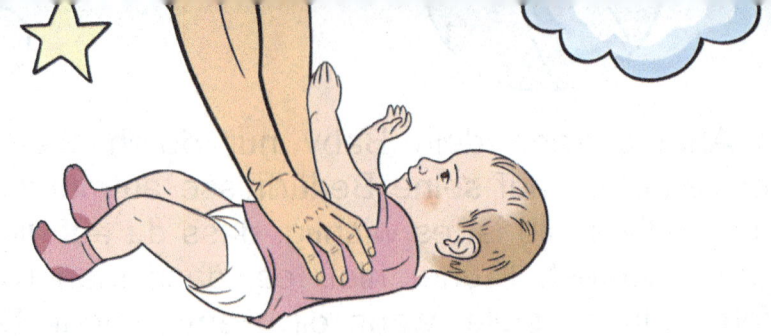

In welchen Phasen läuft die Entwicklung der Bindungsbeziehung ab?

Bindung beginnt schon während der Schwangerschaft. Noch mehr Möglichkeiten, die Bindung zu deinem Nachwuchs aufzubauen und zu festigen, hast du, sobald dein Baby auf der Welt ist. Hier findest du die Meilensteine in der Entwicklung der Bindungsbeziehung von dir und deinem Nachwuchs:

» *Die ersten Wochen: Dein Baby muss sich erst einmal daran gewöhnen, dass es nicht mehr im Bauch der Mama wohnt. Habe Geduld, sei für dein Baby da, dann wird es auch deine Nähe als beruhigend wahrnehmen. Bedenke: Im Bauch hat euer Nachwuchs den Herzschlag der Mama gespürt. Daran orientiert sich euer Baby jetzt. Deinen Herzschlag muss es erst kennenlernen. Also: Trage dein Baby so oft es geht auf deinem Arm – ganz nah an deinem Herzen.*

» *Das zweite Quartal: Dein Nachwuchs hat sich festgelegt, wer seine Haupt-Bezugspersonen sind. Aber natürlich kannst du noch einiges dafür tun, um das Vertrauen zu deinem Kind zu stärken. Trotzdem ist es so, dass dein Baby sich mit seinen Bedürfnissen nun in erster Linie an die Bezugspersonen wendet, die sich in den ersten Lebenswochen als zuverlässig erwiesen haben.*

» *Das dritte Quartal: Mit den ersten Versuchen, sich selbst fortzubewegen, lernt dein Baby auch mehr und mehr, sich von der Mama zu lösen. Jetzt kannst du besonders viel dazu beitragen, dein Kind dabei zu unterstützen. Begleite es, wenn es Neues ausprobiert. Ihr könnt – auch außerhalb eures Zuhauses – Dinge unternehmen und „die Welt erkunden".*

Was passiert mit Kindern, die keine sichere Bindung zu ihren Eltern haben?

Wie wichtig eine sichere Bindung zu einer oder mehreren festen Bezugspersonen ist, zeigt sich daran, was passiert, wenn ein Kind ohne diese aufwächst: Es entwickelt eine Bindungsstörung. Eine gute Bindungsqualität (vor allem zu den Eltern) ist eine der grundlegenden Voraussetzungen für den Aufbau von Kontakten und Bindungen zu anderen Personen, aber auch für die Ausbildung von Selbstwert und für die Emotionsregulation.

Das Fehlen einer sicheren Bindung im Kindesalter zeigt sich schon früh und hat Folgen bis ins Erwachsenenalter. Die Symptome sind unter anderem:

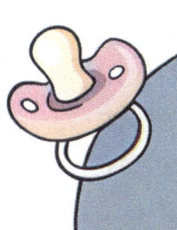

- Ängstlichkeit
- Rückzug
- übertriebene Vorsicht im Umgang mit anderen Menschen – Erwachsenen und Gleichaltrigen
- wahllose, oberflächliche Kontakte

Das bedeutet: Wenn du dich um dein Baby kümmerst und mit ihm gemeinsam euer Workout-Programm durchziehst, dann profitiert ihr beide davon. Du tust etwas für deine Fitness und Gesundheit, vermittelst deinem Nachwuchs Freude an Bewegung und ihr stärkt eure Bindung. Spätestens jetzt dürfte klar sein, dass das Papa-Baby-Workout nicht nur dir guttut, sondern auch deinem Mini!

Noch eine ganz praktische Frage: Was ist, wenn das Baby keine Lust auf das Workout-Programm hat?

Das Papa-Baby-Workout soll euch beiden Spaß machen und es soll dazu beitragen, dass ihr eine gute Bindung auf- und ausbaut. Deshalb gilt: Dein Nachwuchs gibt den Ton an! Das bedeutet, dass du die Übungen danach aussuchst, wozu dein Nachwuchs gerade Lust hat. In der Regel finden Babys es toll, wenn der Papa mit ihnen Zeit verbringt. Aber wenn dein Mini gerade müde ist, Bauchweh hat oder unruhig ist, dann wird es schwer, das Workout durchzuziehen.

Damit du trotzdem jeden Tag (wenn du das möchtest) zum Trainieren kommst, findest du in diesem Buch ganz unterschiedliche Übungen. Meist kannst du dein Kind für eine der Übungen begeistern. Neben klassischen Sportübungen entdeckst du hier auch Entspannungsübungen. Die kannst du machen, während dein Baby neben dir ein Nickerchen hält.

Und wenn das alles nichts hilft? Willkommen im Leben eines Papas! Wie du weiter vorne schon gelesen hast, wird eine gute Bindung dadurch aufgebaut, dass du auf die Bedürfnisse deines Kindes eingehst. Das bedeutet also im Zweifelsfall auch: Das Training muss verschoben werden, bis Mini dazu bereit ist!

KAPITEL 2
1. MONAT

INFOSEITE: DAS KANN DEIN NACHWUCHS IM ERSTEN MONAT!

Glückwunsch! Dein Nachwuchs ist sicher und wohlbehalten auf der Welt gelandet. Und ihr drei – Baby, Mama und Papa – habt offenbar die Geburt gut überstanden. Wahrscheinlich seid ihr (schon) wieder zuhause. Und dieses kleine Wesen bestimmt mit an Sicherheit grenzender Wahrscheinlichkeit euren Tages- und Nachtrhythmus und auch fast das gesamte sonstige Leben. Aber keine Sorge: Irgendwann könnt ihr auch wieder durchschlafen und der Nachwuchs führt ein eigenständiges Leben. Aber da das noch dauert, stellt sich jetzt erst einmal die Frage: Was kann mein Baby eigentlich schon – jetzt, wo es auf der Welt ist?

Schlafen: Ich bin dann mal weg!
Neugeborene Babys schlafen viel – rund 14 bis 18 Stunden pro Tag. Achtung: pro Tag! Es kann durchaus sein, dass dein Nachwuchs vorrangig tagsüber schläft und dafür in der Nacht putzmunter ist. Die meisten Babys schlafen zwei bis vier Stunden am Stück und sind dann für eine kurze Zeitspanne wach, um anschließend erneut ein Nickerchen einzulegen. Das liegt vor allem daran, dass Babys im Schlaf all die Eindrücke verarbeiten, die ungefiltert auf sie einströmen.

Kuscheln, kuscheln und ein bisschen gucken!
Bis zur Geburt war dein Baby bei Mama im Bauch eingekuschelt. Das bedeutet, dass es 24/7 Körperkontakt und Kuscheleinheiten hatte. Deshalb ist für die Minis Körperkontakt besonders wichtig, damit sie sich sicher und geborgen fühlen. Beim Kuscheln könnt ihr euch abwechseln. Das bedeutet: Auch Papas können mit dem Nachwuchs kuscheln.

Außerdem liebt dein Baby schon, sich in der Welt umzuschauen. Besonders gerne betrachtet es die Gesichter der Menschen, die für es da sind. Also das von Mama und Papa. Nutze insbesondere die Kuschelzeiten und das Wickeln dafür, Blickkontakt

zu suchen. Übrigens: Dein Baby kann etwa auf eine Entfernung von 20 bis 25 cm scharf sehen. Alles, was weiter weg ist, sieht verschwommen aus.

Trinken, trinken, trinken – und trotzdem (vorübergehend) ein Gewichtsverlust?
Dein Kind trinkt, trinkt und trinkt – und das wahrscheinlich jedes Mal, wenn es wach wird. Trotzdem verliert es in den ersten Tagen nach der Geburt rund zehn Prozent seines Körpergewichts (Stell dir vor, du würdest zehn Prozent deines Gewichts innerhalb kürzester Zeit verlieren!). Keine Panik – das ist normal. Außerdem werden dein Baby und deine Frau sicherlich von einer Nachsorgehebamme betreut. Da gehört das Wiegen dazu. Nach spätestens drei Wochen haben fast alle Kinder ihr Geburtsgewicht wieder erreicht. Falls nicht, weiß die Nachsorgehebamme Rat.

Und das kann dein Baby in diesem Alter:

- » *Lächeln: Dabei handelt es sich aber (wohl) um ein reflexartiges Lächeln, das als „Engelslächeln" bezeichnet wird.*

- » *Auf äußere Reize reagieren: Das Baby reagiert auf Stimmen, Musik und optische Reize (also beispielsweise dein Gesicht). Zum Schlafen kann es diese Reize aber auch schon bewusst ausblenden. Nach dem Motto: Jetzt ist Ruhe!*

- » *Such- und Saugreflex: Hier geht es um die Nahrungsaufnahme. Dein Baby sucht die Brust der Mama – oder eben das Fläschchen.*

» *Greif- und Mororeflex: Dein Baby schließt die Händchen, wenn du die Handinnenfläche berührst. Außerdem klammert es sich an Haaren, Kleidungsstücken und Co. fest. Dieser Reflex stammt wohl noch aus der Zeit, als die Eltern mit dem Baby auf dem Arm Bäume hochgeklettert sind.*

» *Schreitreflex – also nicht (!) Schreireflex – auch, wenn man das denken könnte. Babys beginnen zu schreiten („gehen"), wenn ihre Füße eine feste Fläche berühren.*

RAN AN DEN SPECK: FETT WEG – MUSKELN WACHSEN

Übung 1: Liegestütze – den Mini fest im Blick

Wozu die Übung gut ist:

- **Aufbau der Muskeln:** Mit Liegestützen kannst du die Brust- und vordere Schultermuskulatur sowie den Trizeps aufbauen und stärken.

- **Förderung von Koordination und Stabilität:** Neben dem gezielten Training der genannten Muskelgruppen fördern Liegestütze auch die funktionelle Kraft. Das sieht nicht nur gut aus, sondern kann auch Fehlhaltungen vorbeugen.

- **Verbesserung der Körperhaltung:** Schultern nach hinten, Brust raus und Bauch rein – wenn du regelmäßig Liegestütze machst, gibst du einfach eine bessere Figur ab, weil du dich aufrechter hältst.

- **Verbrennen von Kalorien:** Je intensiver du das Liegestützen-Training betreibst, desto höher der Kalorienverbrauch.

Das brauchst du:
1. *weiche Isomatte oder dicken Teppich*
2. *saubere, weiche Decke für dein Baby*

So funktionieren die Liegestütze mit dem Mini:

- Lege dein Baby an das obere Ende der Isomatte (oder des Teppichs) auf die Babydecke.

- Setze nun deine Hände etwa schulterbreit rechts und links von deinem Mini auf den Boden. Deine Finger zeigen nach vorne.

- Gehe jetzt in die Plank-Position: Rücken und Beine bilden eine Linie, deine Arme sind durchgedrückt. Bauch- und Rückenmuskulatur sind angespannt.

- Senke nun deinen Oberkörper langsam so weit nach unten, dass du deinem Baby einen Kuss geben kannst.

- Drücke zuletzt wieder die Arme durch. Während der gesamten Übung kannst du deinen Mini angucken, anlächeln oder lustige Grimassen schneiden – je nach Laune.

Und so trainierst du:

» *Absoluter Beginner: 5 – 10 Wiederholungen, 2 – 3 Sets, dazwischen 1 – 2 Minuten Pause*

» *So-la-la: 10 – 20 Wiederholungen, 3 – 4 Sets, dazwischen 1 Minute Pause*

» *Profi-Papa: 20 Plus Wiederholungen, 4 Plus Sets, dazwischen 30 Sekunden bis 1 Minute Pause*

Übung 2: Walking Dad – Der Känguru-Papa

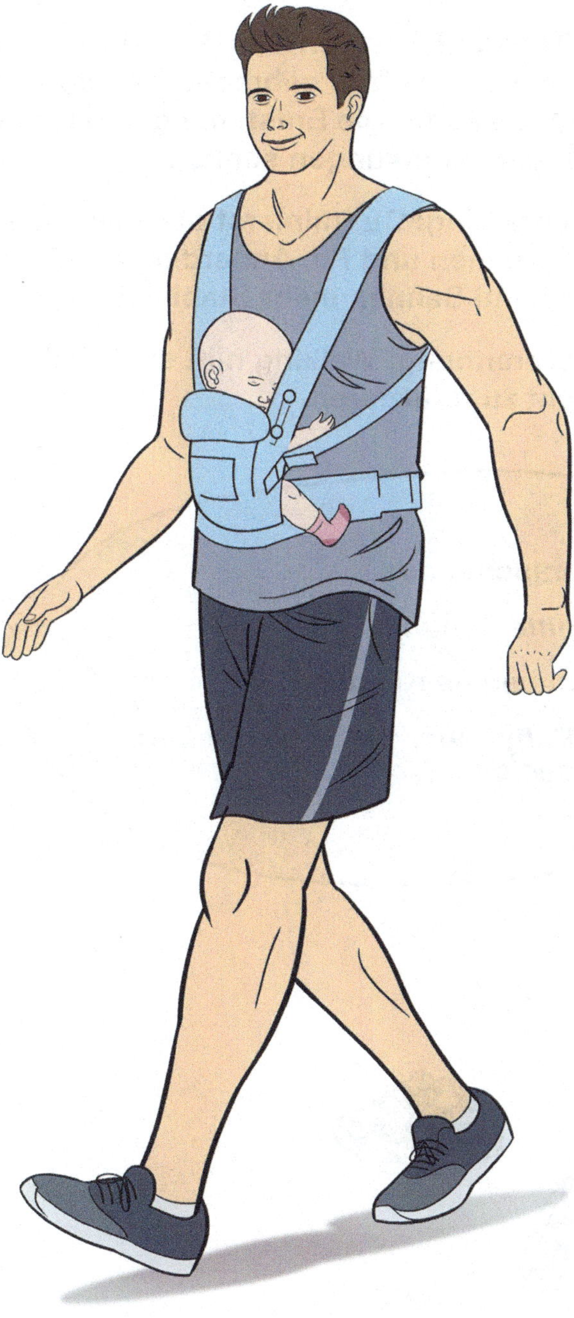

Wozu die Übung gut ist:

- **Ausdauer:** Du wirst insgesamt körperlich belastbarer.

- **Herz-Kreislauf-System:** Dein Herz-Kreislauf-System wird auf Trab gebracht. Dadurch kannst du das Risiko für die Entstehung von Herz-Kreislauf-Erkrankungen senken.

- **Muskeltraining:** Du trainierst die Muskeln in Bauch, Beinen und Po. Außerdem erhalten Bänder und Sehnen mehr Stabilität.

- **Fettverbrennung:** Walking hilft dir dabei, dein Gewicht zu reduzieren.

Das brauchst du:

1. *gute Schuhe*
2. *bequeme Kleidung*
3. *Babytrage, die ab der Geburt geeignet ist*

So funktioniert Walking mit dem Mini:

- Achte darauf, dass dein Nachwuchs passend angezogen ist. Dir wird beim Walking sicher warm werden, aber dein kleines „Känguru-Baby" bewegt sich ja nicht.

- Setze dein Baby in die Babytrage, so dass es sich gemütlich an deine Brust kuscheln kann. So hört es deinen Herzschlag und fühlt sich sicher und beschützt.

- Suche dir im optimalerweise eine Walkingstrecke aus, bei der ihr viel durch einen Park, Wald oder über Felder lauft.

- Beim Walking sollte im Idealfall deine maximale Pulsfrequenz „220 minus Lebensalter" betragen.

Und so trainierst du:

» *Absoluter Beginner:*
   15 – 30 Minuten,
   2 Einheiten pro Woche

» *So-la-la: 30 – 45 Minuten,*
   2 – 3 Einheiten pro Woche

» *Profi-Papa: 30 – 60 Minuten,*
   3 – 5 Einheiten pro Woche

Übung 3: Kniebeugen mit Faktor Baby – jeden Tag ein wenig schwerer

Wozu die Übung gut ist:

- Training von Oberschenkelmuskulatur und Po
- Kräftigung von Bauchmuskeln und Rückenstrecker
- Stabilisierung von Kniegelenken und Hüfte

Das brauchst du:

1. **Babytrage, die bereits ab der Geburt zugelassen ist. Achte unbedingt darauf, dass das Köpfchen deines Babys gut durch die Babytrage gestützt und gehalten wird.**

So funktionieren die Kniebeugen mit dem Mini:

- Stelle dich aufrecht hin, wobei deine Füße einen schulterbreiten Abstand haben. Die Zehen zeigen leicht nach außen. Halte den Rücken gerade – und zwar während der gesamten Übung.

- Die Arme streckst du gerade nach vorne.

- Beuge nun deine Knie, als ob du dich auf einen Stuhl setzen würdest. Achte darauf, dass du nur so weit nach unten gehst, dass du deinen Mini in der Babytrage nicht einengst.

- Halte die Position kurz, bevor du dich dann wieder zurück in die Ausgangsposition drückst.

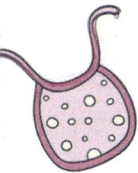

Und so trainierst du:

» *Absoluter Beginner: 8 – 10 Wiederholungen, 4 Sätze, dazwischen 30 Sekunden Pause*

» *So-la-la: 15 – 20 Wiederholungen, 5 Sätze, dazwischen 30 Sekunden Pause*

» *Profi-Papa: 25 – 30 Wiederholungen, 6 Sätze, dazwischen 30 Sekunden Pause*

Entspannung 1: Progressive Muskelentspannung nach Jacobson

Wozu die Übung gut ist:

- trägt zum Stressabbau bei
- löst Verspannungen
- reguliert Blutdruck, Atmung und Stoffwechsel
- löst seelische Anspannungen

Das brauchst du:

1. bequemen Sessel, Yogamatte oder dein Bett

So funktioniert die Progressive Muskelentspannung nach Jacobson mit dem Mini:

- Lege dich neben deinen Mini aufs Bett oder auf eine weiche Unterlage. Wenn du die Entspannungsübung machen möchtest, während dein Nachwuchs ein Nickerchen macht, dann setze dich in einem Sessel neben deinen Mini.

- Setze oder lege dich entspannt hin.

- Es folgen nun mehrere An- und Entspannungsphasen. Beim Anspannen atmest du ein, hältst dann den Atem an und beim Entspannen atmest du aus.

- Spanne deine Arme an: Mache eine Faust, spanne zuerst deine Unter- und anschließend die Oberarme an. Halte diese Anspannung für etwa fünf Sekunden. Danach entspanne die Muskeln und atme dabei aus.

- Spanne als nächstes deinen Nacken sowie die Schulterregion an. Den Kopf hältst du dabei locker über der Brust. Halte die Anspannung kurz, ehe du die Muskeln wieder entspannst.

- Nun spannst du deine Bauchmuskulatur und gleichzeitig auch die Rückenmuskulatur an, hältst die Anspannung rund fünf Sekunden und entspannst die Muskeln dann wieder.

- Nach dem gleichen Prinzip kannst du die Muskelgruppen in den Schultern sowie dem Po und den Oberschenkeln an- und entspannen.

Du kannst jede Muskelgruppe 2 – 3 Mal an- und entspannen. Mache rund 30 Sekunden Pause, bevor du dich der nächsten Muskelgruppe zuwendest.

Und so trainierst du:

» *Absoluter Beginner:* Mache die Übung regelmäßig, am besten einmal pro Tag. Es dauert manchmal ein wenig, bis du ie nötige Routine hast.

» *Profi-Papa:* Mache die Übung bei Bedarf. Du kannst nun auch alle Muskelgruppen zusammen anspannen (wobei du die Anspannung nach und nach durch die verschiedenen Muskelgruppen aufbaust), halten und dann wieder entspannen.

ERNÄHRUNGSHINWEISE

Ernährungs-Tipps für Mini: Was? Wie viel? Wie oft?

- Muttermilch und/oder Milchnahrung für Neugeborene; alle 1 – 3 Stunden (nach Bedarf)

- Hinweis: Wenn bei deinem Baby ein erhöhtes Allergierisiko besteht, sollte es (wenn es nicht voll gestillt wird) HA-Nahrung bekommen.

- Trinkmenge: Hier gilt die Faustformel „Gewicht des Babys in kg x 150 ml" als Tagesmenge; bei Flaschennahrung: alle 3 – 4 Stunden

Ernährungs-Tipps für Papa: Schnelle und gesunde Snacks

- **Apfel mit Nussmus:** Äpfel liefern Vitamine und Ballaststoffe und Nussmus (ohne Zusätze) sind voll von gesunden Fettsäuren, zahlreichen Vitaminen und Spurenelementen, wie zum Beispiel Eisen. Je nach Vorliebe kannst du Nussmus aus Erdnüssen, Cashewnüssen, Walnüssen oder stattdessen auch Kürbiskerne nutzen.

- **Avocado mit Ei und Tomatensalat:** Schneide eine Avocado in zwei Hälften und hole den Stein heraus. In jede Vertiefung kommt nun ein aufgeschlagenes Ei. Du kannst das Ganze mit etwas Zitronensaft und Pfeffer oder Kräutern würzen. Die gefüllten Avocado-Hälften kommen für ca. 15 Minuten bei 200 Grad in den Backofen (Achtung: Backpapier unterlegen, falls Avocado-Hälften umkippen!). Während die Avocados brutzeln, schneidest du Tomaten auf und machst diese mit einer-Öl-Essig-Soße an. Auch hier gilt: Pfeffer und Kräuter nach Wahl hinzugeben.

1. MONAT

NAME:

VOM **BIS**

GEWICHT ZUM MONATSBEGINN:

GEWICHT ZUM MONATSENDE:

GRÖSSE ZUM MONATSBEGINN:

GRÖSSE ZUM MONATSENDE:

DAS HAT MINI IN DIESEM MONAT GELERNT:

WICHTIGE „TERMINE" IM ERSTEN MONAT:

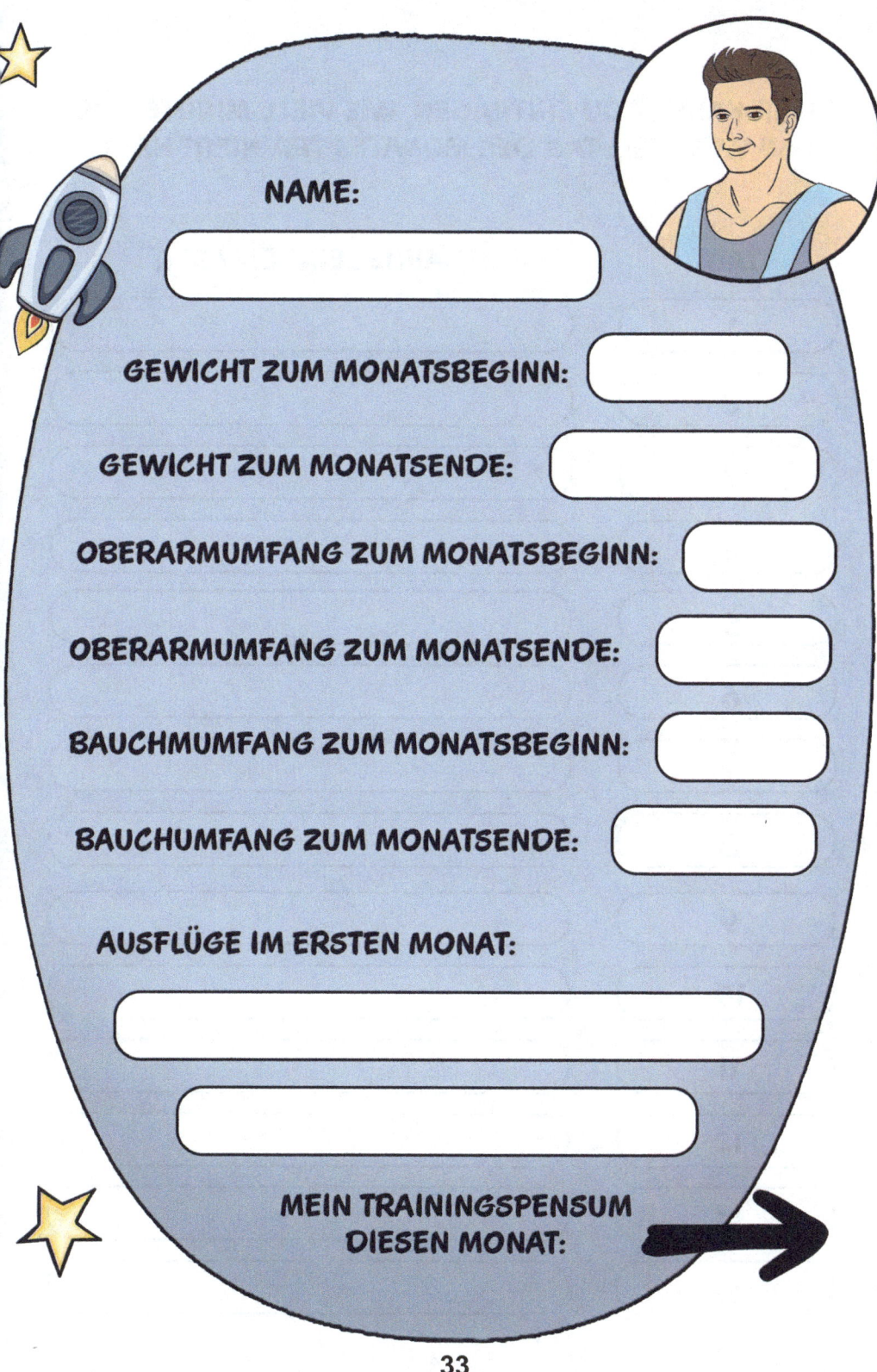

HIER KANNST DU EINTRAGEN, WIE VIELE MINUTEN DU AN WELCHEM TAG DES MONATES TRAINIERT HAST.

TAG	TRAINIGSEINHEIT / ZEIT
1	
2	
3	
4	
5	
6	
7	
8	
9	
10	
11	
12	
13	
14	

15	
16	
17	
18	
19	
20	
21	
22	
23	
24	
25	
26	
27	
28	
29	
30	
31	

KAPITEL 3
2. MONAT

INFOSEITE: DAS KANN DEIN NACHWUCHS IM ZWEITEN MONAT!

Jetzt sind ungefähr vier Wochen seit der Geburt deines Minis vergangen. Inzwischen ist wahrscheinlich bei euch – mehr oder minder – so etwas wie eine neue Normalität eingezogen. Aus dem Neugeborenen ist nun offiziell ein Säugling geworden. Dein Nachwuchs kann sein Köpfchen drehen und sogar für eine kurzen Moment anheben. Außerdem kann dein Mini nun schon bewusst lächeln. Wenn dein Nachwuchs dich anlächelt, bist also tatsächlich du gemeint – und es handelt sich nicht mehr „nur" um ein reflexartiges Lächeln.

Mission Wachstum
Dein Mini hat sich inzwischen von den Strapazen der Geburt und der Ankunft in der Welt außerhalb des Bauches der Mama erholt und wächst und gedeiht:

Im zweiten Lebensmonat wachsen die meisten Babys rund drei bis vier Zentimeter. Dabei nehmen sie ungefähr 850 Gramm zu.

Lass uns reden

Nun gut – ganz so weit ist es noch nicht! Aber dein Mini beginnt nun ganz eindeutig, mit dir zu kommunizieren. Erste Tönchen, wie Gurren oder andere langgezogene Laute sind die Sprache der 2-Monate-Alten. Auch die Mimik deines Nachwuchses wird viel facettenreicher. Und wenn dein Nachwuchs mit etwas nicht zufrieden ist, dann wird er dies nun auch lauter kundtun. Sprich: Das Schreien wird lauter und schriller und die Beinchen strampeln, um den eigenen Wünschen noch mehr Nachdruck zu verleihen.

Spielzeit

Dein Mini hat jetzt auch schon Freude daran, Spiele zu spielen. Es greift gerne nach Spielzeugen oder auch nach deinen Fingern. Du kann deinem Baby – zum Beispiel beim Umziehen oder Windelwechseln – Gegenstände zum Festhalten in die Hände geben. Auch Töne und Musik werden interessant. Er wendet sein Köpfchen in die Richtung, aus der spannende Geräusche kommen. Du kannst also ruhig einmal ausprobieren, ob ihr den gleichen Musikgeschmack habt. Aber Achtung: Bitte nicht zu laut, sonst wird das Gehör deines Minis geschädigt.

Das kann dein Baby im zweiten Lebensmonat:

- **Köpfchen halten:** Es kann seinen kleinen Kopf schon kurze Zeit hochheben oder selbst halten, wenn es auf den Arm genommen wird. Aber bitte unbedingt noch zusätzlich den Kopf stützen.

- **Sehen:** Dein Mini sieht nun schon bedeutend besser und erkennt dich auch auf größere Entfernung.

- **Greifen:** Die kleinen Händchen werden nun willkürlich geöffnet und geschlossen, so dass das Baby lernt, zu greifen.

- **Hören:** Dein Nachwuchs lauscht nun schon auf Geräusche und reagiert darauf.

- **Koordination:** Die Bewegungen deines Kindes werden gezielter.

RAN AN DEN SPECK: FETT WEG – MUSKELN WACHSEN

Übung 4:
Side Squat – Rhythmus für dein Baby

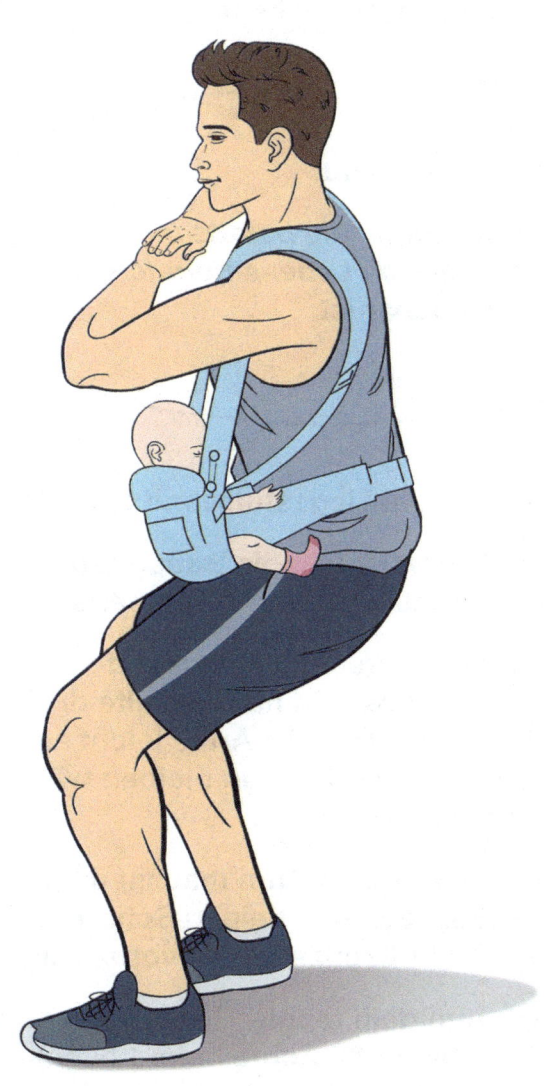

Wozu die Übung gut ist:

- Po und Beine: Training unterschiedlicher Muskelgruppen

- besonders effizientes Training für die Innenseiten der Oberschenkel

- Trainingseffekt ähnlich wie bei den klassischen Kniebeugen – aber die Side Squats bieten eine willkommene Abwechslung

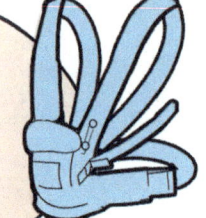

Das brauchst du:

1. **Babytrage, die bereits in den ersten Lebensmonaten einsetzbar ist**

So funktionieren die Liegestütze mit dem Mini:

- Setze deinen Mini in die Bauchtrage. Achte auf eine gute Stützung des Köpfchens.

- Stelle dich aufrecht hin, wobei deine Füße einen hüftbreiten Abstand haben. Falte die Hände vor der Brust, so dass die Arme leicht angewinkelt sind. Bauch und Rücken bleiben während der ganzen Übung gerade.

- Spanne den Po an. Nun machst du mit dem linken Bein zunächst einen Schritt zur Seite, wobei die Fußspitzen nach vorne zeigen.

- Beuge nun dein rechtes Knie, so dass dein Po nach hinten geht. Achte beim Absenken deines Körpers darauf, dass du deinen Mini in der Trage

nicht einengst oder zu weit nach vorne rutschen lässt.

- Halte die Position für einige Sekunden, ehe du dich aus dem Mittelfuß in die Ausgangsposition zurückdrückst.

- Nun führst du die Übung zur anderen Seite aus.

Und so trainierst du:

» *Absoluter Beginner: 8 – 10 Wiederholungen, 4 Sätze, dazwischen 30 Sekunden Pause*

» *So-la-la: 15 – 20 Wiederholungen, 5 Sätze, dazwischen 30 Sekunden Pause*

» *Profi-Papa: 25 – 30 Wiederholungen, 6 Sätze, dazwischen 30 Sekunden Pause*

Übung 5: Wandsitz –
ein Thron für deinen Nachwuchs

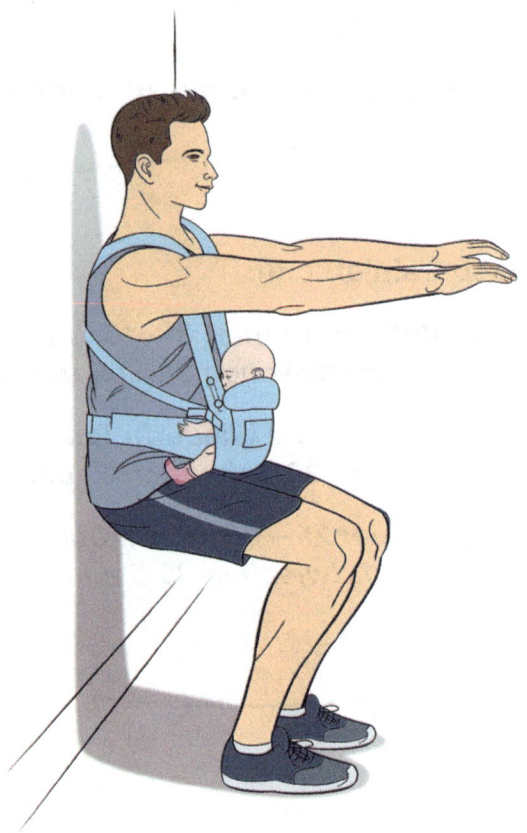

Wozu die Übung gut ist:

- **Kraftübung für den Po sowie die Oberschenkelmuskulatur**
- **Stärkung der Bauch- und Rückenmuskulatur**

Das brauchst du:

1. **Babytrage, die bereits in den ersten Lebensmonaten einsetzbar ist**

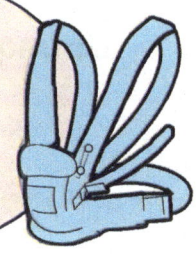

So funktioniert der Wandsitz mit dem Mini:

- Sorge dafür, dass es dein Mini in der Trage gemütlich hat.

- Stelle dich jetzt einen Schritt entfernt vor eine Wand. Die Füße haben einen hüftbreiten Abstand und zeigen leicht nach außen.

- Lehne dich mit geradem Rücken an die Wand, indem du dich auf einen imaginären Stuhl setzt. Rutsche so weit nach unten, dass Oberschenkel und Unterschenkel einen rechten Winkel bilden.

- Halte beide Beine parallel und den Rücken gerade.

Und so trainierst du:

» *Absoluter Beginner: Dauer von 15 Sekunden – du kannst dich mit den Händen auf den Oberschenkeln abstützen, 3 Wiederholungen mit 30 – 60 Sekunden Pause*

» *So-la-la: Dauer von 15 – 20 Sekunden – ohne Abstützen, 3 Wiederholungen mit 30 – 60 Sekunden Pause*

» *Profi-Papa: Dauer von 30 Sekunden – ohne Abstützen, 3 Wiederholungen mit 30 Sekunden Pause*

Übung 6: Radsport – mit „Beiwagen"

Wozu die Übung gut ist:

- steigert die allgemeine Fitness und das Immunsystem
- senkt das Risiko für Herz-Kreislauf-Erkrankungen
- stärkt Lunge und Atemwege und kurbelt den Stoffwechsel an
- stärkt die Muskeln und schont die Gelenke

Das brauchst du:

1. **Guten Fahrrad-Anhänger mit einem Einsatz (Sitzverkleinerer), der für kleine Babys geeignet ist.**

2. **Alternativ kannst du ein Lastenrad (ohne Zusatzmotor!) nutzen.**

3. **Passende Kleidung und ggf. Regenschutz für deinen Mini. Je nach Witterung brauchst du eine Decke oder einen Fußsack, denn dein Mini macht keinen Sport.**

4. **Eine Strecke, die wenige Erschütterungen verursacht. Also bitte keine Querfeldein-Tour!**

5. **Nimm den Wickelrucksack inklusive Fläschchen für den Nachwuchs mit.**

So funktioniert die Radtour mit dem Mini:

- Du kannst die Radtouren ganz einfach in den Alltag integrieren. Fahre statt mit dem Auto lieber mit dem Rad (mit Anhänger) zum Einkaufen (Kleineinkäufe), zu Freunden oder zu Babykursen.

- Setze deinen Nachwuchs in den Anhänger und sorge dafür, dass dein Mini sicher angeschnallt ist. Bitte nicht den Fahrradhelm für den Mini vergessen.

- Lege eine Strecke fest, die sicher ist: Radwege, gut ausgebaute Waldwege u. Ä.

Und so trainierst du:

» *Absoluter Beginner: 3 Einheiten pro Woche:
1. Einheit: 20 – 30 Minuten lockeres Fahren, 2. Einheit: 15 – 20 Minuten lockeres Fahren, wobei die Strecke leichte Steigungen enthalten sollte
3. Einheit: 25 – 35 Minuten lockeres Fahren*

» *So-la-la: 3 Einheiten pro Woche: 1. Einheit: 30 – 40 Minuten lockeres Fahren, 2. Einheit: 20 – 30 Minuten lockeres Fahren, wobei die Strecke leichte Steigungen enthalten sollte
3. Einheit: 40 – 50 Minuten lockeres Fahren*

» *Profi-Papa: 3 Einheiten pro Woche: 1. Einheit: 40 – 50 Minuten lockeres Fahren, 2. Einheit: 30 – 40 Minuten lockeres Fahren, wobei die Strecke leichte Steigungen enthalten sollte
3. Einheit: 50 – 60 Minuten lockeres Fahren*

Entspannung 2: Bodyscan

Wozu die Übung gut ist:

- trägt dazu bei, dass du dich entspannst
- hilft dabei, Sorgen, unangenehme Empfindungen und Schmerzen zu reduzieren

Das brauchst du:

1. **dein Bett, weiche Unterlage**

So funktioniert der Bodyscan mit dem Mini:

- Lege dich neben deinen Mini (etwa während eines Nickerchens) auf das Bett, Sofa oder den Teppich. Achte darauf, dass euch beiden warm genug ist.

- Du liegst auf dem Rücken, die Beine sind leicht gespreizt, deine Arme liegen neben dem Körper.

- Schließe jetzt deine Augen und beginne, nach und nach deine Aufmerksamkeit auf die unterschiedlichen Regionen deines Körpers zu richten. Dabei geht es darum, dass dieses Scannen wertneutral erfolgt.

- Achte darauf, an welchen Stellen und wie intensiv die jeweilige Körperregion auf der Unterlage ruht. Beginne mit dem Kopf und arbeite dich „nach unten" bis zu den Füßen oder beginne bei den Füßen und arbeite dich dann „nach oben" bis zum Kopf.

ERNÄHRUNGSHINWEISE

Ernährungs-Tipps für Mini: Was? Wie viel? Wie oft?

- Muttermilch und/oder Milchnahrung für Neugeborene; alle 2 – 3 Stunden

- Hinweis: Wenn bei deinem Baby ein erhöhtes Allergierisiko besteht, sollte es (wenn es nicht voll gestillt wird) HA-Nahrung bekommen.

- Trinkmenge: pro Mahlzeit etwa 110 Gramm (Abhängig vom Hersteller); 6 – 8 Portionen pro Tag

Ernährungs-Tipp für Papa: Schneller und gesunder Snack

- Gesunde Pizzabrötchen: Vollkornbrötchen, Dinkelbrötchen o. Ä. halbieren; beide Seiten mit Pesto bestreichen; als Belag fettarmen Kochschinken (oder vegetarische Alternative), Mais, Paprika, Tomatenstückchen und Streukäse (oder vegane Alternative)

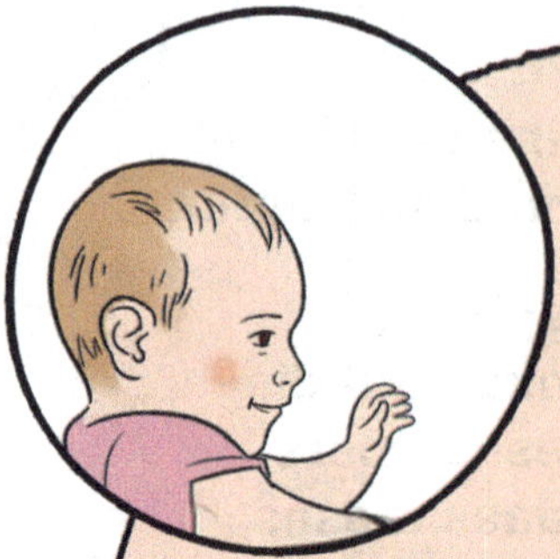

2. MONAT

SPITZNAME:

VOM **BIS**

GEWICHT ZUM MONATSBEGINN:

GEWICHT ZUM MONATSENDE:

GRÖSSE ZUM MONATSBEGINN:

GRÖSSE ZUM MONATSENDE:

DAS HAT MINI IN DIESEM MONAT GELERNT:

WICHTIGE „TERMINE" IN DIESEM MONAT:

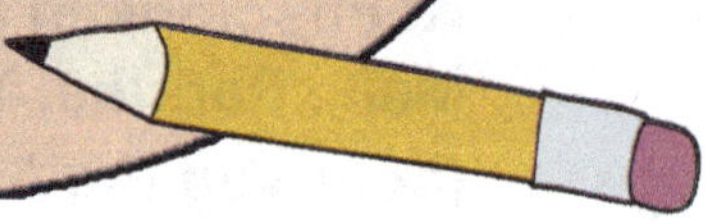

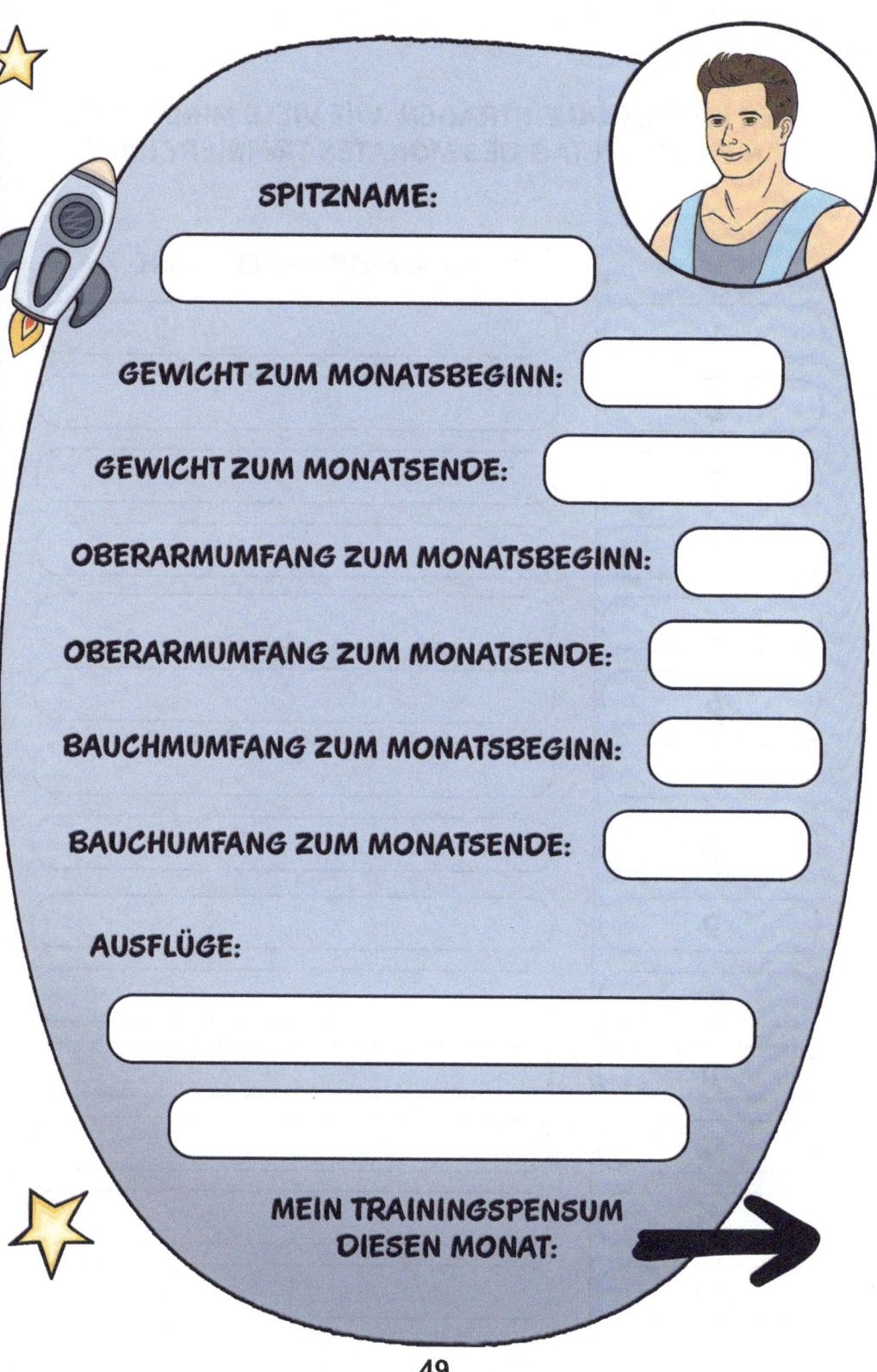

SPITZNAME:

GEWICHT ZUM MONATSBEGINN:

GEWICHT ZUM MONATSENDE:

OBERARMUMFANG ZUM MONATSBEGINN:

OBERARMUMFANG ZUM MONATSENDE:

BAUCHMUMFANG ZUM MONATSBEGINN:

BAUCHUMFANG ZUM MONATSENDE:

AUSFLÜGE:

MEIN TRAININGSPENSUM DIESEN MONAT:

HIER KANNST DU EINTRAGEN, WIE VIELE MINUTEN DU AN WELCHEM TAG DES MONATES TRAINIERT HAST.

TAG	TRAINIGSEINHEIT / ZEIT
1	
2	
3	
4	
5	
6	
7	
8	
9	
10	
11	
12	
13	
14	

- 15
- 16
- 17
- 18
- 19
- 20
- 21
- 22
- 23
- 24
- 25
- 26
- 27
- 28
- 29
- 30
- 31

KAPITEL 4
3. MONAT

INFOSEITE: DAS KANN DEIN NACHWUCHS IM DRITTEN MONAT!

In den meisten Fällen haben Eltern und Nachwuchs sich inzwischen aneinander gewöhnt. Die neue Familiensituation – inklusive dem neuen Chaos-Faktor – ist fast schon Normalität. Du beginnst allmählich, die Signale deines Minis deuten zu können. Doch dann stellt dein Nachwuchs schlagartig sein Verhalten um. Viele Babys stellen ungefähr zu Beginn des dritten Lebensmonats all das auf den Kopf, was vorher galt: War dein Mini bislang eher entspannt und brauchte viel Schlaf, kann es sein, dass der kleine Mensch nun viel unruhiger schläft, mehr Aufmerksamkeit braucht und häufiger weint. Dann heißt es erst einmal: Entspannen! Das hat in aller Regel nichts mit dir zu tun, sondern ist einfach ein Entwicklungsschritt im Laufe deines Nachwuchses.

Alles auf Empfang

Dein Mini bekommt viel mehr mit, was alles in der Welt passiert. Es nimmt jetzt all die unterschiedlichen

Reize als Veränderungen wahr. Das kann entweder sehr müde oder sehr anhänglich machen. Auf jeden Fall merkt dein Nachwuchs nun auch, wenn jemand anderer als Mama oder – wenn du Glück hast – Papa in der Nähe ist. Dein Mini fremdelt zum ersten Mal und möchte am liebsten bei dir (sorry: noch lieber bei Mama) auf dem Arm sein. Lass dich davon nicht verunsichern, sondern beweise: Auch der Papa kann trösten, kuscheln und einfach da sein.

Das (leidige) Thema Schlafen

In den ersten Wochen schlafen die meisten Babys bei den Eltern, denn spätestens nach dem dritten Aufstehen in einer Nacht wird das Babybettchen ins Schlafzimmer geholt. Irgendwann wird unter vielen Neu-Eltern das Thema Schlafen zur Grundsatzentscheidung: Soll das Baby weiter im Elternschlafzimmer liegen oder ins Kinderzimmer umziehen? Als kleine Entscheidungshilfe: Die Deutsche Gesellschaft für Kinder- und Jugendmedizin nennt das Schlafen des Babys im gesamten ersten Lebensjahr als eine der konkreten Präventionsmaßnahmen zur Vermeidung des plötzlichen Kindstods (SIDS). Zusätzlich gibt es folgende Präventionsmaßnahmen:

» *Babyschlafsack statt Decke*

» *Schlafposition auf dem Rücken*

» *Raumtemperatur von ca. 18 Grad*

» *zur Beruhigung „Stillen bei Bedarf" oder Schnuller*

„Frühförderung" für deinen Mini

Jedes Geräusch und jeder optische Reiz bietet neuen Input für das Gehirn deines Nachwuchses. Mit kleinen Spielchen und Übungen kannst du mit ihm jetzt schon „gezielte Frühförderung" betreiben:

- » *„Sportprogramm": Lege deinen Nachwuchs am Boden auf einer warmen Decke auf den Bauch. Die Hände liegen rechts und links vom Gesicht. So kann Mini seinen Kopfkontrolle und die Nackenmuskeln trainieren.*

- » *Feinmotorik und Forscherdrang: Gib deinem Nachwuchs Spielzeuge, die klappern, rascheln oder knistern.*

- » *Sprachtraining: Sprich mit deinem Kind. Nutze kurze Sätze, die du häufiger wiederholst. Du kannst ebenso für dein Kind singen. Auch hier gilt: Je einfacher, desto besser.*

Und das kann dein Baby im dritten Lebensmonat:

- » *Kommunikation: Im 3. Monat ist alles spannend. Mini horcht auf Geräusche und schaut nach allem, was sich bewegt oder sonst irgendwie aufregend erscheint. Außerdem beginnt dein Baby zu brabbeln.*

- » *Mimik: Die Mimik deines Babys wird immer ausgeprägter.*

- » *Lagewechsel: Du kannst dein Baby jetzt schon für ein paar Minuten auf den Bauch legen. So kann es die Welt aus einer neuen Perspektive betrachten.*

- » *Spielen: Ob gekauftes Spielzeug, leichte Pappschachteln, Tücher oder die eigenen Hände*
- » *Wachstum und Gewicht: Dein Baby wächst diesen Monat rund 3 cm und nimmt bis zu einem Kilo zu.*

RAN AN DEN SPECK: FETT WEG – MUSKELN WACHSEN

Übung 7: Handlauf in Stütz – Hallo und Tschüss!

Wozu die Übung gut ist:

- **Rumpfmuskulatur:** Dein gesamter Rumpf wird trainiert. So kannst du mit dieser Übung den Bauch stählen und deinen Rücken stärken.

- **Beinmuskulatur:** Sehnen, Bänder und Muskeln deiner Beine werden gedehnt beziehungsweise gestärkt.

- **Schulter- und Brustmuskulatur:** Diese Übung verhilft zu einem definierten Oberkörper, vor allem im Bereich der Brust und Oberarme.

> **Das brauchst du:**
>
> 1. *Yogamatte und eine weiche Decke für deinen Mini*

So funktioniert der „Handlauf in den Stütz" mit dem Mini:

- Lege deinen Mini an dem oberen Ende der Yogamatte auf eine Decke. Dein Kind liegt auf dem Rücken.

- Stelle dich am anderen Ende der Yogamatte aufrecht hin. Deine Füße haben ungefähr einen schulterbreiten Abstand.

- Beuge jetzt den Oberkörper in der Hüfte nach vorne, so dass deine Fingerspitzen den Boden berühren. Dann wanderst du mit den Händen von den Füßen weg in Richtung deines Babys.

- Wandere so weit nach vorne, dass deine Hände rechts und links von deinem Mini ankommen, winkele deine Arme an und gib deinem Nachwuchs einen Kuss.

- Danach streckst du die Arme wieder durch und wanderst mit den Händen zurück in Richtung deiner Füße. Dann richtest du dich gerade auf.

- Kommuniziere mit deinem Mini: Sage „Hallo!", wenn du dich deinem Mini näherst und „Tschüss!", wenn du wieder zurückwanderst.

Und so trainierst du:

» *Absoluter Beginner: 2 – 4 Wiederholungen, 3 Sätze, dazwischen 30 – 60 Sekunden Pause*

» *So-la-la: 4 – 6 Wiederholungen, 4 Sätze, dazwischen 30 Sekunden Pause*

» *Profi-Papa: 6 – 8 Wiederholungen, 6 Sätze, dazwischen 30 Sekunden Pause*

Übung 8: Links-Außen – Rechts-Außen

Wozu die Übung gut ist:

- **Beinmuskulatur:** Durch die Kniebeugen-Elemente und Strecksprünge trainierst du Beine und Po.

- **Ausdauer:** Mache diese Übung, damit du später nicht so schnell aus der Puste kommst. Bald wird dein Mini aktiv und du musst ihm hinterherrennen. Und Kleinkinder können schneller sein, als du denkst!

Das brauchst du:

1. *Babywippe (ab dem 3. Monat) oder weiche Decke*

2. *Wenn du die Übung im Freien machst: Denke an Sonnenschutz für deinen Mini!*

3. *Draußen brauchst du Sportschuhe. Drinnen kannst du die Übung in Sportschuhen oder barfuß machen – aber nicht auf Socken, sonst rutschst du leicht aus!*

So funktioniert die Übung „Links-Außen – Rechts-Außen" mit dem Mini:

- Setze deinen Mini in die Babywippe. Achte darauf, dass die Neigung der Wippe dem Alter deines Babys angemessen ist! Alternativ kannst du dein Baby auf den Rücken auf eine weiche Decke auf eine Yogamatte legen.

- Du brauchst Platz für diese Übung: Vor deinem Baby sollte mindestens ein Meter und zu beiden Seiten mindestens zwei (besser mehr) Meter Platz sein.

- Stelle dich aufrecht vor deinen Nachwuchs, so dass ihr euch in die Augen schauen könnt.

- Zunächst machst du Seitgalopp-Sprünge nach links; die Anzahl richtet sich nach dem Platz, den du hast. Am äußersten Punkt stoppst du, gehst in die Knie und machst dann einen Strecksprung.

- Anschließend geht es im Seitgalopp nach rechts außen, wo du stoppst und erneut einen Strecksprung ausführst.

Und so trainierst du:

» *Absoluter Beginner: Führe die Übung 30 Sekunden lang aus (Timer stellen), 3 Sätze, dazwischen 30 Sekunden Pause*

» *So-la-la: Führe die Übung 45 Sekunden lang aus (Timer stellen), 4 Sätze, dazwischen 30 Sekunden Pause*

» *Profi-Papa: Führe die Übung 60 Sekunden lang aus (Timer stellen), 5 Sätze, dazwischen 15 Sekunden Pause*

Übung 9:
Flieger – Rückentraining im Liegen

Wozu die Übung gut ist:

- **Rückenmuskulatur:** Mit dieser Übung stärkst du deinen Rücken. Das wirst du in den nächsten Monaten brauchen: Dein Baby wird jetzt nämlich immer schwerer und möchte trotzdem gerne auf dem Arm getragen werden!

> **Das brauchst du:**
>
> 1. *Yogamatte*
> 2. *weiche Decke für dein Baby oder Babywippe*

So funktioniert der Flieger mit dem Mini:

- Je nach Laune deines Babys legst du es entweder auf den Bauch an das eine Ende der Yogamatte auf die Decke oder setzt es in seine Wippe. Diese platzierst du ebenfalls am Ende der Yogamatte.

- Lege dich auf den Bauch auf die Yogamatte, so dass du deinen Nachwuchs anschauen kannst. Setze die Füße mit den Zehenspitzen auf.

- Hebe den Kopf leicht vom Boden hoch. Deine Arme streckst du zur Seite und winkelst sie im Ellenbogen ab.

- Hebe die Arme leicht vom Boden hoch, deine Unterarme sind parallel zu deinem Körper.

- Jetzt streckst du die Arme nach vorne und ziehst sie wieder zurück. Die Bewegung wird gleichmäßig ausgeübt.

- In den Pausen legst du den Kopf und die Arme entspannt ab.

Und so trainierst du:

» *Absoluter Beginner: 2 – 4 Wiederholungen, 3 Sätze, dazwischen 30 – 60 Sekunden Pause*

» *So-la-la: 4 – 6 Wiederholungen, 5 Sätze, dazwischen 30 – 60 Sekunden Pause*

» *Profi-Papa: 6 – 8 Wiederholungen, 7 Sätze, dazwischen 30 Sekunden Pause*

Entspannung 3: Atemübung – schnelle Entspannung für Zwischendurch

Wozu die Übung gut ist:

- **Entspannung:** Die Übung hilft, körperliche Verspannungen loszulassen.
- **Inneres Gleichgewicht:** Mit der Übung kannst du den Kopf freibekommen.

> **Das brauchst du:**
>
> 1. **Sessel, Bett oder Sofa**

So funktioniert die Atemübung mit dem Mini:

- **Du kannst es dir neben deinem Mini gemütlich machen oder dir dein Baby auf den Bauch legen.**
- **Nun konzentriere dich auf deine Atmung.**
- **Atme durch die Nase langsam und gleichmäßig ein und zähle dabei bis vier.**
- **Mache eine kurze Pause, in der du bis drei zählst.**
- **Atme dann durch den Mund gleichmäßig wieder aus und zähle dabei bis vier.**
- **Achte darauf, dass dein Atem in deinen ganzen Körper strömen kann.**
- **Wiederhole die Atemübung, bis du merkst, dass eine Entspannung eintritt. Achtung: Wenn du sehr müde bist, kann es sein, dass du bei der Übung einschläfst. Achte also darauf, dass dein Mini sicher ist.**

ERNÄHRUNGSHINWEISE

Ernährungs-Tipps für Mini: Was? Wie viel? Wie oft?

- **Muttermilch: alle 3 – 4 Stunden oder nach Bedarf**
- **Flaschennahrung: 110 – 170 Gramm (ja nach Hersteller), alle 5 – 6 Stunden**
- **Achtung: Gib deinem Mini noch keine Beikost! Brei, feste Nahrung und selbst Säfte müssen noch warten!**

Ernährungs-Tipps für Papa: Schnelle und gesunde Snacks

- **Leckeres Müsli-Joghurt:** 1 Becher Joghurt (250 g), Weintrauben, Mandarinen oder Erdbeeren (je nach Jahreszeit), eine Hand voll Nüsse und/oder Körner, einen Teelöffel Rübenkraut (für die Extraportion Eisen)
- **Nudel-Lachs-Salat:** 50 g Vollkornnudeln, 250 g Tomaten, 150 g Räucherlachs, 30 g Oliven, 50 g Nüsse oder Körner, Essig, Öl, Pfeffer und Basilikum

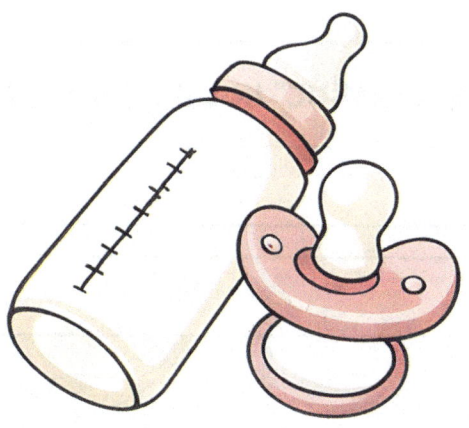

3. MONAT

KOSENAME:

VOM **BIS**

GEWICHT ZUM MONATSBEGINN:

GEWICHT ZUM MONATSENDE:

GRÖSSE ZUM MONATSBEGINN:

GRÖSSE ZUM MONATSENDE:

DAS HAT MINI IN DIESEM MONAT GELERNT:

WICHTIGE „TERMINE" IN DIESEM MONAT:

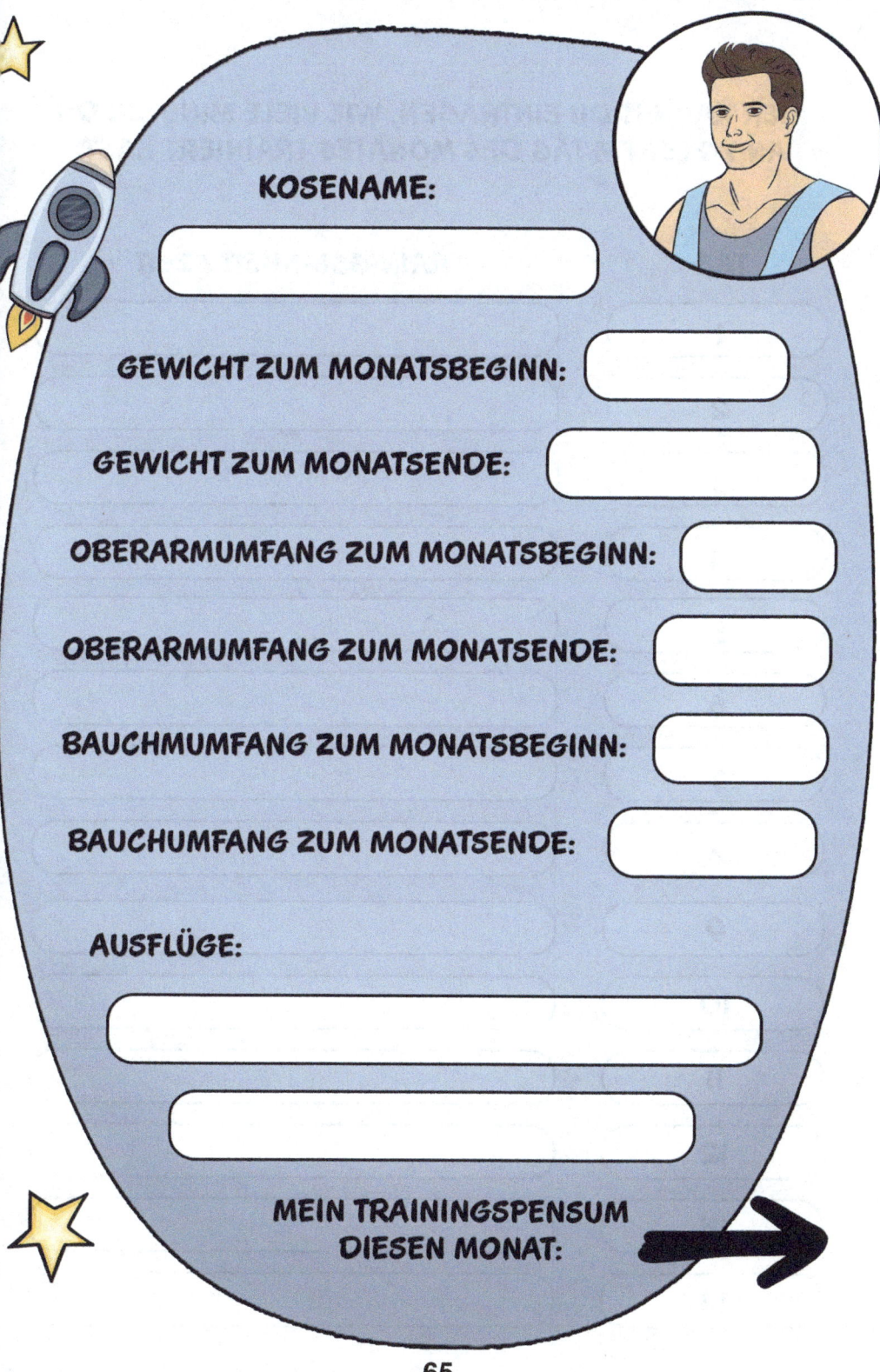

HIER KANNST DU EINTRAGEN, WIE VIELE MINUTEN DU AN WELCHEM TAG DES MONATES TRAINIERT HAST.

TAG	TRAINIGSEINHEIT / ZEIT
1	
2	
3	
4	
5	
6	
7	
8	
9	
10	
11	
12	
13	
14	

15	
16	
17	
18	
19	
20	
21	
22	
23	
24	
25	
26	
27	
28	
29	
30	
31	

KAPITEL 5
2. QUARTAL
(4. BIS 6. MONAT)

INFOSEITE: DAS KANN DEIN NACHWUCHS IM ZWEITEN QUARTAL!

Jetzt ist dein Mini schon ein Vierteljahr auf der Welt und es hat sich inzwischen an das Leben „in Freiheit" gewöhnt. Im zweiten Quartal kümmert dein Mini sich darum, dass die Bewegungen koordinierter werden. Dein Baby beginnt sich zu drehen und wagt die ersten Versuche im Robben und Krabbeln. Es kommt also Bewegung ins Spiel. Und das bedeutet für dich: Achtung, jetzt wird es spannend! Nichts ist mehr in Sicherheit. Du kannst schon einmal damit beginnen, Treppen, Türen und alles andere vor deinem Nachwuchs zu sichern.

Außerdem nimmt das Fremdeln im zweiten Quartal zu. Es kann also sein, dass Verwandte, die nur selten zu Besuch sind, plötzlich nicht mehr angelächelt, sondern mit lautem Gejaule begrüßt werden. Auf den Arm möchte Mini von diesen Menschen natürlich gar nicht mehr genommen werden.

Du kannst jetzt immer mehr mit deinem Nachwuchs spielen. Besonders gut eignen sich:

- » *Greifspielzeuge*
- » *Fühlbücher*
- » *Tücher, Stoffe, Papprollen und Co.*
- » *Kuscheltiere und Bälle*

Und noch ein Meilenstein steht an: der Beginn der Beikost. Das bedeutet, dass dein Mini sich nicht mehr ausschließlich von Milch ernährt. Die Meinungen gehen hier auseinander: Manche Experten raten, dass mit der Beikost im vierten Monat begonnen wird, andere empfehlen, damit bis zum sechsten Monat zu warten. Das ist eine Entscheidung, die ihr als Eltern gemeinsam treffen müsst. Lasst euch vom Kinderarzt oder der Nachsorgehebamme beraten. Und letzten Endes entscheidet ohnehin der Mini, ob es mit Beikost losgeht oder nicht. Es gibt auch Babys, die im zweiten Quartal noch nicht in der Lage sind, Brei zu essen oder einfach kein Interesse daran haben.

Und hier ein kleiner Überblick über die Entwicklungen deines Nachwuchses im zweiten Quartal:

- » *Gewicht: Zum Ende des zweiten Quartals wiegen Babys ungefähr doppelt so viel wie bei der Geburt.*
- » *Mimik: Gefühle können nun schon deutlich ausgedrückt werden.*
- » *Kommunikation: Es wird gelacht, gegluckst und mit Lautmalerei und „Babyplaudern" begonnen.*

» *Motorik: Gezieltes Greifen ist nun möglich; die Hand-Mund-Koordination nimmt zu; die Nackenmuskulatur wird stärker.*

RAN AN DEN SPECK: FETT WEG – MUSKELN WACHSEN

Übung 10: Ausfallschritt mit „Gewicht"

Wozu die Übung gut ist:

- **Po und Beine werden gestrafft und geformt**
- **Muskelaufbau im gesamten Körper (Beine, Po, Rumpf)**
- **Stärkung des Herz-Kreislauf-Systems**
- **Anregung des Stoffwechsels und der Fettverbrennung**

Das brauchst du:

1. *Babytrage*

So funktioniert der Ausfallschritt mit dem Mini:

- **Die Ausgangsposition ist der aufrechte Stand, deine Füße haben einen hüftbreiten Abstand. Die Zehenspitzen zeigen leicht nach außen.**

- **Stütze die Arme in die Hüften.**

- **Führe nun ein Bein gerade nach vorne und stelle den Fuß ab. Senke nun den Körper nach unten. Bei beiden Beinen (hinteres und vorderes Bein) ist ein rechter Winkel zwischen Unter- und Oberschenkel.**

- **Richte dich nun wieder auf. Achte darauf, dass du dich gleichmäßig und mit Kraft aus beiden Beinen nach oben drückst, statt in einer schwunghaften Bewegung.**

- **Jetzt gehst du mit dem anderen Bein nach vorne und beginnst die Übung aufs Neue.**

Und so trainierst du:

» *Absoluter Beginner: 10 – 12 Wiederholungen, 3 Sets, 30 Sekunden Pause*

» *So-la-la: 15 – 20 Wiederholungen, 4 Sets, 30 Sekunden Pause*

» *Profi-Papa: 20 – 25 Wiederholungen, 5 Sets, 15 Sekunden Pause*

Übung 11: Einarmige Liegestütze auf der Seite

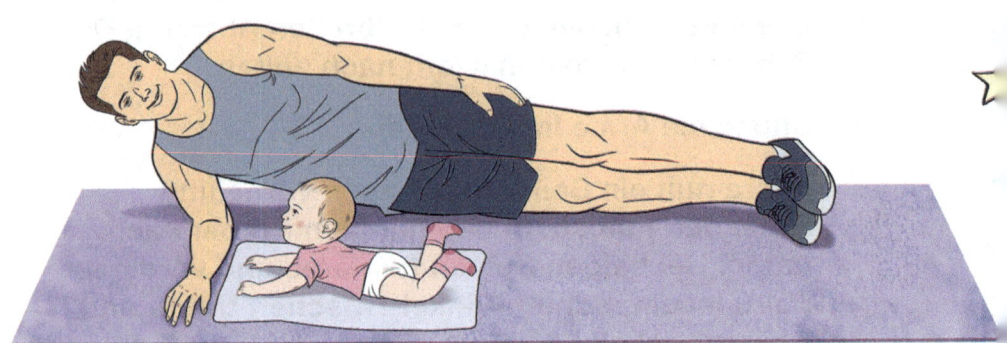

Wozu die Übung gut ist:

- Seitliche Muskelpartien: Du trainierst nacheinander beide Körperseiten
- Training von Arm, Schultern, Nacken, Bauch und Rücken
- Förderung der Koordination und Stabilisierung des Körpers

Das brauchst du:

1. Yogamatte für dich
2. weiche Unterlage für den Mini oder eine Babywippe

So funktionieren (seitliche) einarmigen Liegestütze mit dem Mini:

- **Je nachdem, was dein Mini (gerade) lieber mag: Setze deinen Nachwuchs in die Babywippe oder lege ihn auf eine weiche Decke.**

- **Lege dich seitlich auf die Yogamatte, so dass du deinen Mini anschauen kannst.**

- **Beide Beine liegen übereinander und werden im rechten Winkel nach hinten gebeugt.**

- **Den Oberkörper stützt du mit einem Arm. Achte darauf, dass das Ellenbogengelenk direkt unter deiner Schulter platziert ist und der Unterarm von deinem Körper weggerichtet ist.**

- **Spanne Bauch- und Rückenmuskulatur an.**

- **Hebe nun das Becken von der Unterlage hoch, so dass Beine und Rumpf eine gerade Linie bilden. Halte die Spannung und senke dann die Hüfte wieder ab. Achtung: Lege die Hüfte nicht (!) komplett ab.**

- **Führe die Übung langsam und gleichmäßig aus.**

- **Die Übung wird nacheinander auf beiden Seiten durchgeführt.**

Und so trainierst du:

» *Absoluter Beginner: 5 – 10 Wiederholungen, 3 Sets, 30 Sekunden Pause (je Seite)*

» *So-la-la: 10 – 15 Wiederholungen, 4 Sets, 30 Sekunden Pause (je Seite)*

» *Profi-Papa: 15 – 20 Wiederholungen, 5 Sets, 15 Sekunden Pause (je Seite)*

Übung 12: Trocken-Lauf – Laufen auf der Stelle

Wozu die Übung gut ist:

- Joggen ist noch nicht möglich mit Baby (ab dem zweiten Halbjahr geht das!)
- Ausdauertraining
- Stärkung des Herz-Kreislauf-Systems
- Anregung der Fettverbrennung

Das brauchst du:

1. *ideal: Mini-Trampolin oder Laufband*
2. *Yogamatte oder Boden, auf dem du im Haus laufen kannst (ohne den Boden abzunutzen)*
3. *Babywippe oder Decke für deinen Mini*
4. *Musik!*

So funktioniert das Auf-der-Stelle-Laufen mit dem Mini:

- Schalte Musik an, die euch beiden gefällt.
- Sorge dafür, dass es dein Nachwuchs gemütlich hat und dich sehen kann.
- Stelle dich nun aufrecht hin und beginne locker auf der Stelle zu laufen.
- Nach einer kurzen Aufwärmphase steigerst du das Lauftempo für 30 – 60 Sekunden.

- Dann läufst du für 10 Sekunden etwas langsamer.
- Variation: Du kannst statt einfach zu laufen auch die Knie weit hochziehen oder Hopserlauf auf der Stelle machen.

> **Und so trainierst du:**
>
> » *Absoluter Beginner: Gesamtdauer 10 – 15 Minuten*
>
> » *So-la-la: Gesamtdauer 15 – 20 Minuten*
>
> » *Profi-Papa: Gesamtdauer 20 – 25 Minuten*

ERNÄHRUNGSHINWEISE

Ernährungs-Tipps für Mini: Was? Wie viel? Wie oft?

- Beikost: Damit wird zwischen dem 4. und dem 6. Monat begonnen.
- Beikost: Gestartet wird mit einem Gemüse-Kartoffel-Fleisch-Brei, der einmal am Tag gefüttert wird.

Ernährungs-Tipps für Papa: Schnelle und gesunde Snacks

- Gesunde Süßigkeit, super-einfach zubereitet: Lege Weintrauben (ohne Kerne) in das Gefrierfach. Wenn sie gefroren sind, kannst du sie als gesunde Süßigkeit mit Vitamin-Plus genießen.
- Gesunde Rolle: Reispapiere (kalorienarm) werden befüllt mit Tomate, Avocado, Schinken oder Vegi-Alternative, Maiskörnern und Kräuter-Joghurt-Soße.

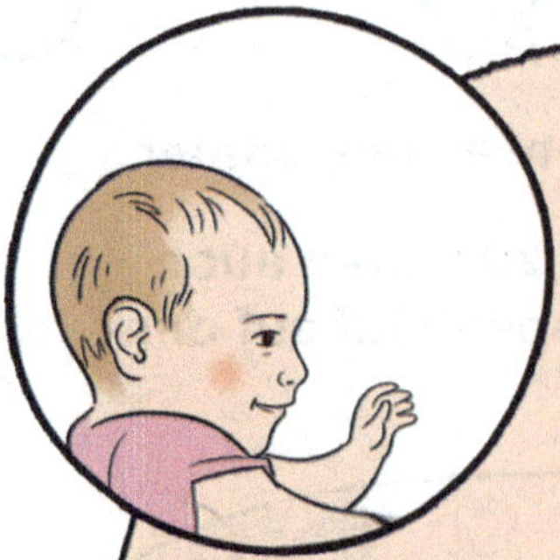

7.–9. MONAT

LIEBLINGSESSEN:

VON   BIS

GEWICHT ZU BEGINN:

GEWICHT ZUM ENDE:

GRÖSSE ZU BEGINN:

GRÖSSE ZUM ENDE:

DAS HAT MINI IN DIESEN MONATEN GELERNT:

WICHTIGE „TERMINE":

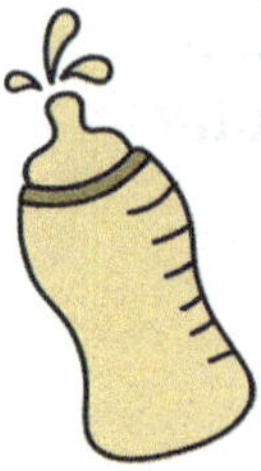

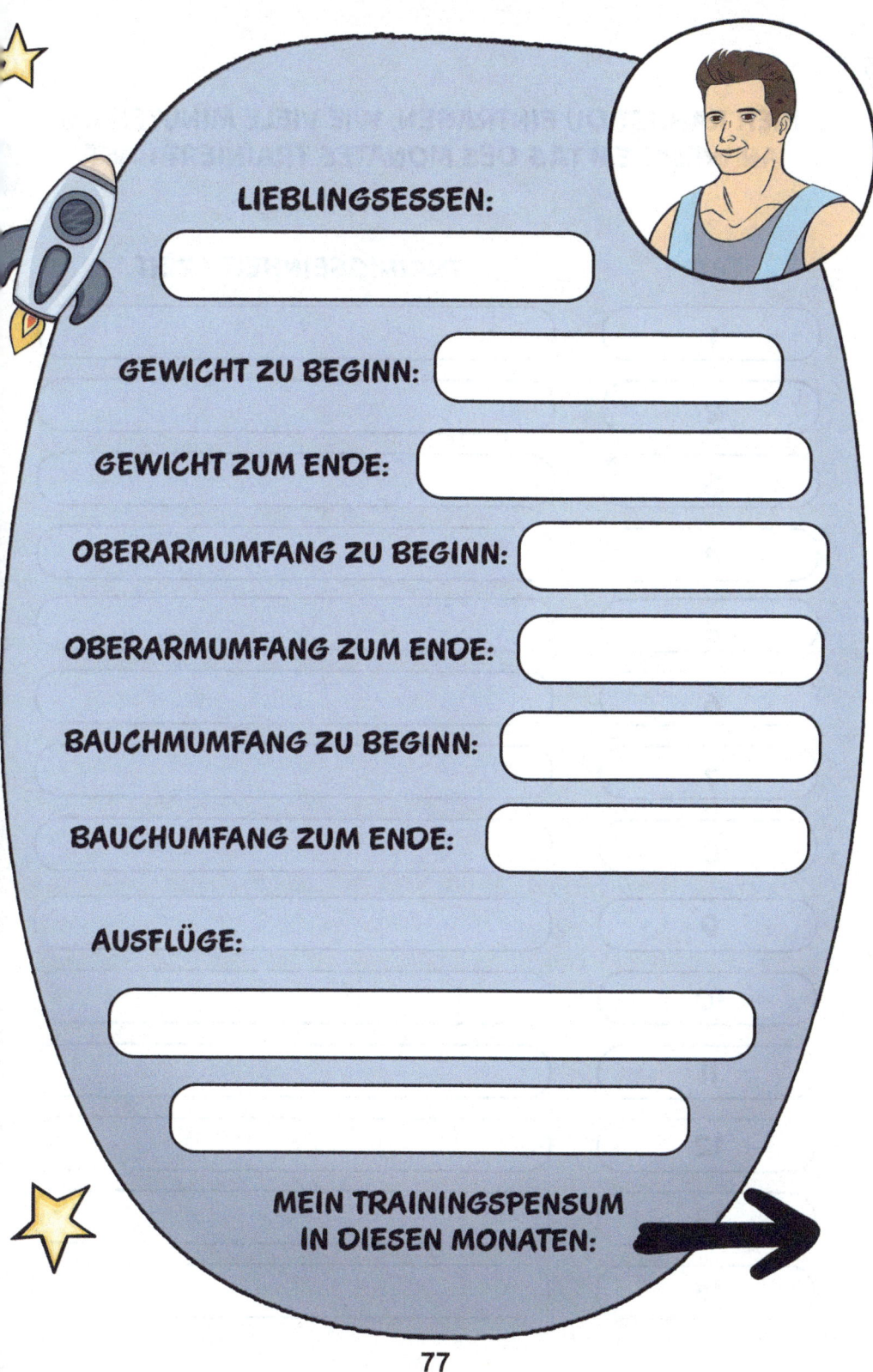

HIER KANNST DU EINTRAGEN, WIE VIELE MINUTEN DU AN WELCHEM TAG DES MONATES TRAINIERT HAST.

TAG	TRAINIGSEINHEIT / ZEIT
1	
2	
3	
4	
5	
6	
7	
8	
9	
10	
11	
12	
13	
14	

15	
16	
17	
18	
19	
20	
21	
22	
23	
24	
25	
26	
27	
28	
29	
30	
31	

KAPITEL 6
3. QUARTAL
(7. BIS 9. MONAT)

INFOSEITE: DAS KANN DEIN NACHWUCHS IM DRITTEN QUARTAL!

Habt ihr den halben Geburtstag von Mini gefeiert? Auf jeden Fall ist der Beginn des dritten Quartals ein Meilenstein im Leben deines Babys – und damit auch für dich. Jetzt kommt wirklich und wahrhaftig Bewegung in euren Alltag: Dein Nachwuchs dreht sich alleine, lernt zu sitzen, zieht sich vielleicht schon an Tischen, Stühlen und deinem Hosenbein hoch – um dann (meist) wieder auf dem Windel-Popo zu landen. Keine Sorge, dein Nachwuchs landet eigentlich immer weich. Die Tränchen sind eher Ausdruck der Frustration, dass es mit dem Laufen noch nicht klappt! Deshalb kannst du Mini trösten, für den Versuch des Aufstehens loben und motivieren, dass es ganz sicher beim nächsten Mal (noch) besser klappt.

Das bedeutet auch, dass dein Nachwuchs jetzt jeden Tag mehr auf Erkundungstour geht. Wenn ihr bislang die Wohnung noch nicht kindersicher

gemacht habt, ist es nun höchste Zeit. Selbst wenn du den Raum nur kurz verlässt, kann Mini das für eine Erkundungstour nutzen, denn dein Nachwuchs möchte nun seine Welt erforschen. Allerdings hat er noch keine Idee, dass manche Dinge gefährlich sind. Babys öffnen jede Tür, ziehen alle Gegenstände heraus und nehmen in den Mund, was nicht gesichert ist. Das kann zu Unfällen und Vergiftungen führen!

Ein weiterer Meilenstein kann das erste Zähnchen sein, das Mini bekommt. Aber Vorsicht mit Vergleichen: Manche Babys haben schon mehrere Zähne, während andere Babys dich noch zahnlos anlächeln. Insgesamt zeigt sich im dritten Quartal mehr und mehr, dass Kinder sich in ihrem eigenen Tempo entwickeln: Einige wenige Babys beginnen in diesem Alter schon zu laufen, während andere noch robben oder sich rollend voran bewegen. Andere Kinder beginnen dafür bereits erste Wörter zu sagen: Meist sind das Worte wie „Mama" oder „Nein". Auch sehr lustige Wortneuschöpfungen, die du aber schnell verstehen (und wahrscheinlich nie wieder vergessen) wirst, können entstehen.

Spielen wird jetzt immer wichtig: Besonders beliebt sind Spielzeuge, bei denen Mini merkt, dass die eigene Aktivität zu einem Ergebnis führt:

- » *Activity-Center für Babys*
- » *Nachzieh-Spielzeuge*
- » *Bechertürme (du baust auf – Mini wirft um)*
- » *„Musik"-Spielzeuge*

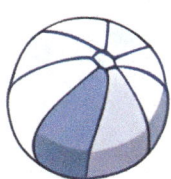

Und hier ein kleiner Überblick über die Entwicklungen deines Nachwuchses im dritten Quartal:

- » *Gewicht: Dein Mini wiegt jetzt zwischen acht und neun Kilo und ist zwischen 70 und 75 Zentimeter groß. Das sind aber Durchschnittszahlen. Der Kinderarzt überprüft, ob dein Baby sich altersgerecht entwickelt.*
- » *Kommunikation: Diese reicht von Lautbildungen (dada oder lala) bis hin zu ersten Wörtern.*
- » *Motorik: Mini dreht sich jetzt in der Regel vom Bauch auf den Rücken und zurück. Robben, Krabbeln und das Hinsetzen aus eigener Kraft funktionieren nun schon*
- » *bei vielen Kindern.*
- » *Feinmotorik: Der „Scherengriff" gelingt jetzt meist, so dass die Babys schon sehr gezielt etwas festhalten können. Außerdem wird Spielzeug nun mit beiden Händen festgehalten.*

RAN AN DEN SPECK:
FETT WEG – MUSKELN WACHSEN

Übung 13: Lauf, Papa, lauf – Joggen mit Baby

Wozu die Übung gut ist:

- Stärkung des Herz-Kreislauf-Systems
- Aktivierung des Stoffwechsels; unterstützend bei Gewichtsreduktion
- Höhere Belastbarkeit und Beitrag zum Stressabbau
- Stärkung von Knochen und Gelenken

Das brauchst du:

1. *Buggy, der zum Joggen geeignet ist*
2. *Wetterschutz für deinen Mini*
3. *gute Laufschuhe und Laufbekleidung*

So funktioniert das Joggen mit dem Mini:

- Wärme dich vor dem Laufen immer auf. Dazu gehört auch das Dehnen.
- Halte (gerade als Anfänger) Ruhetage ein. Trainings- und Ruhetage wechseln sich ab.
- Erstelle dir einen Trainingsplan, der deinem Leistungsstand entspricht. Hier findest du einen Trainingsplan für Anfänger:
- Woche 1: je Laufeinheit abwechselnd 6 x Joggen (3 Minuten) und Gehen (2 Minuten)
- Woche 2: je Laufeinheit abwechselnd 6 x Joggen (5 Minuten) und Gehen (2 Minuten)
- Woche 3: je Laufeinheit abwechselnd 5 x Joggen (7 Minuten) und Gehen (2 Minuten)
- Woche 4: je Laufeinheit abwechselnd 4 x Joggen (10 Minuten) und Gehen (2 Minuten)

- Woche 5: je Laufeinheit abwechselnd 2 x Joggen (15 Minuten) und Gehen (2 Minuten)
- Woche 6: je Laufeinheit 1 x Joggen (30 Minuten)
- Woche 7: je Laufeinheit abwechselnd 2 x Joggen (30 Minuten) und Gehen (2 Minuten)

Und so trainierst du:

» *Absoluter Beginner: siehe oben*

» *So-la-la: steige bei Woche 3 ein*

» *Profi-Papa: Starte mit Woche 6*

Übung 14: Parkbank-Liegestütze für draußen

Wozu die Übung gut ist:

- Du trainierst vor allem den großen Brustmuskel.
- Außerdem stärkst du deine Oberarme und die Bauchmuskulatur.

> **Das brauchst du:**
>
> 1. *feststehende Parkbank oder Tischtennisplatte*
> 2. *Buggy, in dem dein Mini sitzt und dir zuschauen kann*

So funktionieren Parkbank-Liegestütze mit dem Mini:

- Lege deine Hände etwa schulterbreit voneinander entfernt auf den Rand der Parkbank oder Tischtennisplatte. Die Arme sind durchgedrückt.
- Strecke deinen Körper, so dass Rumpf und Beinen eine gerade Linie bilden, und stelle die Füße mit den Zehenspitzen fest auf den Boden.
- Senke jetzt den Oberkörper ab, bis deine Arme einen rechten Winkel bilden.
- Halte die Position kurz, ehe du deinen Oberkörper langsam und gleichmäßig wieder hochdrückst.
- Bei den Bewegungen kannst du „hoch" und „runter" sagen, so dass dein Baby diese Worte kennenlernt. Außerdem wird es das Spiel lustig finden.

Und so trainierst du:

» *Absoluter Beginner:* 10 Wiederholungen, 3 – 4 Sätze, dazwischen 30 Sekunden Pause

» *So-la-la:* 15 Wiederholungen, 5 – 6 Sätze, dazwischen 15 Sekunden Pause

» *Profi-Papa:* 20 Wiederholungen, 7 – 8 Sätze, dazwischen 10 Sekunden Pause

Übung 15: Bauchmuskeltraining im Sitzen – aber mit „Gewicht" (Pilates)

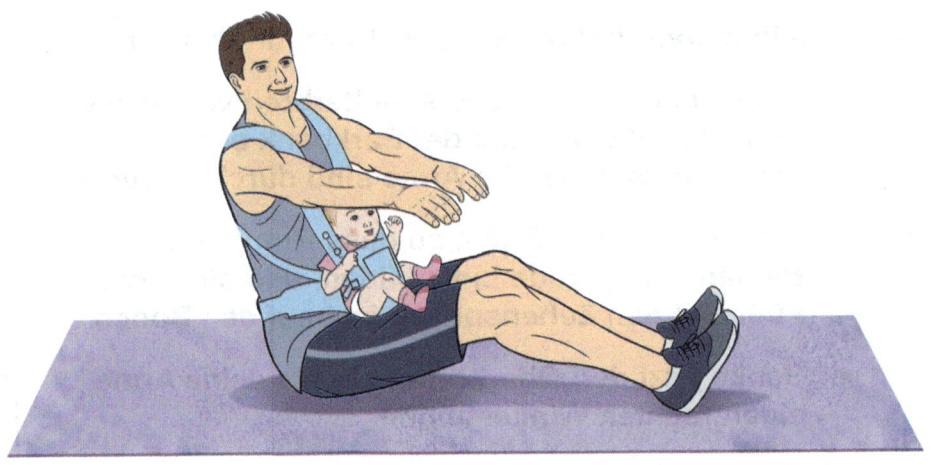

Wozu die Übung gut ist:

- Kräftigung der Bauchmuskulatur
- Stabilisierung des Rückens

> **Das brauchst du:**
> 1. *Babytrage*
> 2. *Yogamatte*

So funktioniert das Bauchmuskeltraining im Sitzen mit „Gewicht" mit dem Mini:

- Setze dein Baby in die Bauchtrage.
- Setze dich auf die Yogamatte. Die Beine sind leicht angewinkelt. Du stellst die Füße mit der Ferse in einem etwas mehr als hüftbreiten Abstand auf.
- Spanne die Bauch- und Rückenmuskulatur an und lehne den Oberkörper leicht nach hinten. Die Hände hältst du nach vorne.
- Drehe dich nun zunächst nach links; beim Drehen ausatmen.
- Dann drehe dich wieder in die Mitte und atme dabei ein.
- Führe jetzt die Bewegung nach rechts aus.
- Eine Bewegung nach rechts und links bildet eine Ausführung der Übung.
- Wichtig: Rücken gerade halten, Muskulatur bleibt angespannt.

Und so trainierst du:

» *Absoluter Beginner: 7 – 10 Wiederholungen, 3 – 4 Sätze, 30 Sekunden Pause*

» *So-la-la: 10 – 15 Wiederholungen, 5 – 6 Sätze, 15 Sekunden Pause*

» *Profi-Papa: 15 – 20 Wiederholungen, 7 – 8 Sätze, 15 Sekunden Pause*

ERNÄHRUNGSHINWEISE

Ernährungs-Tipps für Mini: Was? Wie viel? Wie oft?

- **Beikost ersetzt nun mehr und mehr die Muttermilch oder die Flaschennahrung.**

- **In der Regel isst dein Mini Brei: Gemüse-Kartoffel-Fleisch-Brei, Getreide-Obst-Brei oder Milch-Getreide-Brei.**

- **Wenn dein Kind mag (und es keinen Allergien hat), kann es auch an dem knabbern, was ihr Großen esst. Allerdings gibt es ein paar No-Gos für Kleinkinder:**

- **Rohmilch und Rohmilchprodukte**

- **rohes Fleisch also auch Rohwurst wie Teewurst sowie roher Fisch**

- **rohe Eier und daraus hergestellte Produkte (Mayonnaise)**

- **Honig**

- **Wichtig: Lasse dein Kind nie alleine beim Essen, da es am Essen ersticken kann!**

Ernährungs-Tipps für Papa: Schnelle und gesunde Snacks

- **Eiweiß-Booster deftig – Hüttenkäse-Salat:** 1 Becher Hüttenkäse, 50 g steinlose Oliven, ½ Salatgurke (in Stücke schneiden), Pfeffer, Spitzer Zitrone, mit Essig abschmecken

- **Eiweiß-Booster süß – Hüttenkäse-Obstsalat:** ½ Becher Hüttenkäse, Erdbeeren (oder andere Beeren), Weintrauben, 2 EL Körner (nach Wahl), Spitzer Zitrone, mit Zimt abschmecken

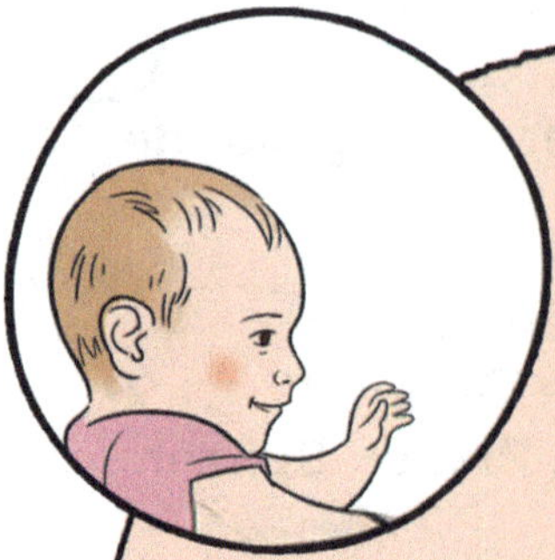

7.–9. MONAT

LIEBLINGSESSEN:

VON   BIS

GEWICHT ZU BEGINN:

GEWICHT ZUM ENDE:

GRÖSSE ZU BEGINN:

GRÖSSE ZUM ENDE:

DAS HAT MINI IN DIESEN MONATEN GELERNT:

WICHTIGE „TERMINE":

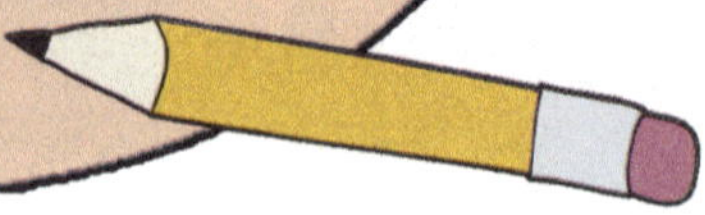

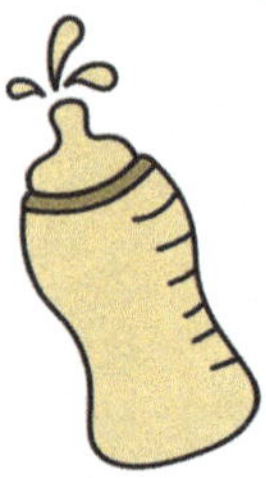

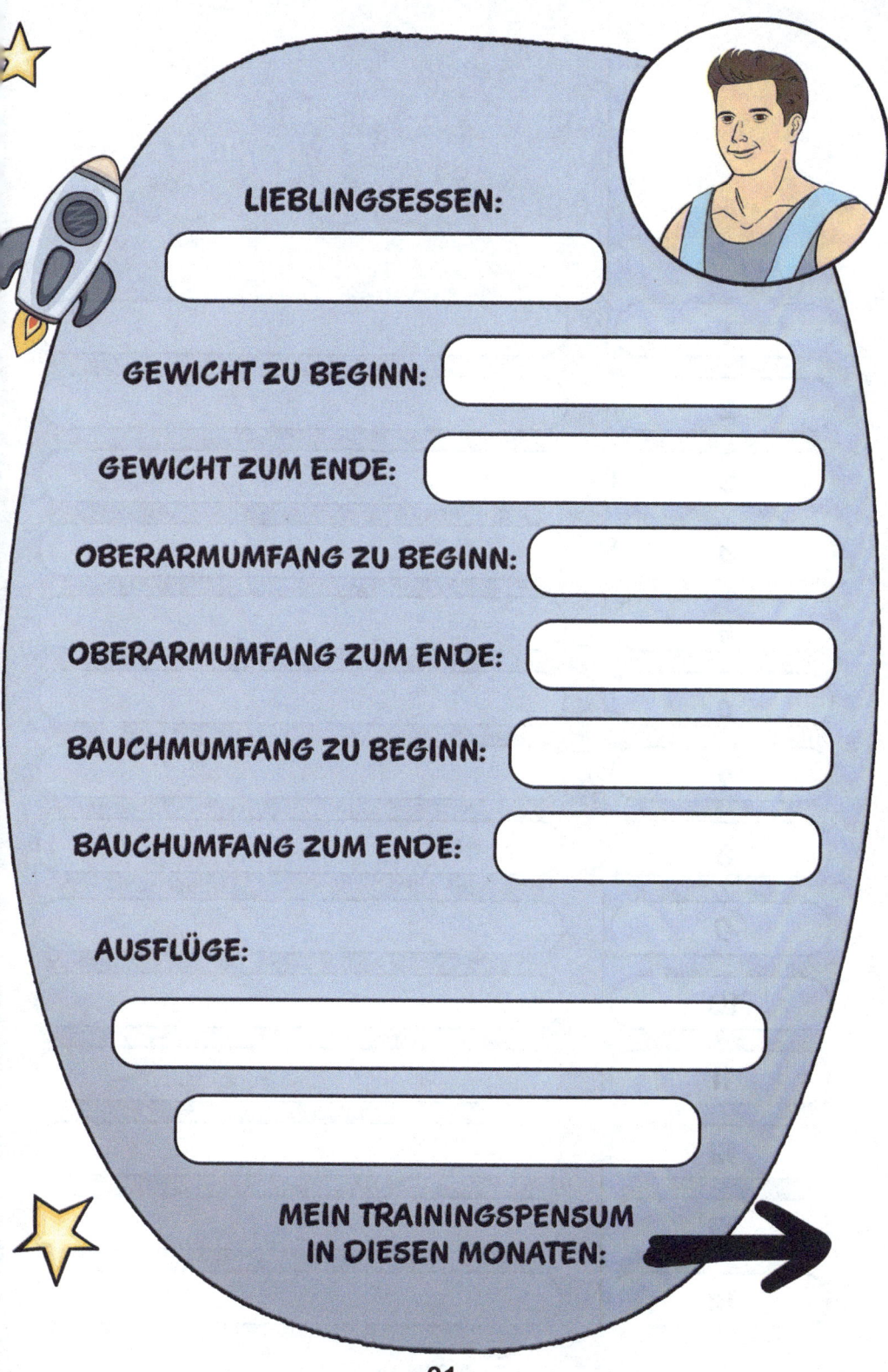

LIEBLINGSESSEN:

GEWICHT ZU BEGINN:

GEWICHT ZUM ENDE:

OBERARMUMFANG ZU BEGINN:

OBERARMUMFANG ZUM ENDE:

BAUCHMUMFANG ZU BEGINN:

BAUCHUMFANG ZUM ENDE:

AUSFLÜGE:

MEIN TRAININGSPENSUM IN DIESEN MONATEN:

HIER KANNST DU EINTRAGEN, WIE VIELE MINUTEN DU AN WELCHEM TAG DES MONATES TRAINIERT HAST.

TAG	TRAINIGSEINHEIT / ZEIT
1	
2	
3	
4	
5	
6	
7	
8	
9	
10	
11	
12	
13	
14	

15	
16	
17	
18	
19	
20	
21	
22	
23	
24	
25	
26	
27	
28	
29	
30	
31	

KAPITEL 7
4. QUARTAL
(10. BIS 12. MONAT)

INFOSEITE: DAS KANN DEIN NACHWUCHS IM VIERTEN QUARTAL!

Jetzt beginnt der Endspurt vor dem ersten Geburtstag! Dein Mini entwickelt immer weitere neue Fähigkeiten. Plötzlich sieht dein Baby gar nicht mehr wie ein richtiges Baby aus, sondern fast schon wie ein kleines Kind. Wie groß dein Mini schon ist, wird erst recht deutlich, wenn sich dein Nachwuchs an Tischen, Stühlen und Co. hochzieht, am Tisch entlangwandert oder mit dem Laufwagen durch die Gegend marschiert. Immer mehr Kinder lernen jetzt nach und nach das freie Laufen. Aber wenn dein Mini sich etwas mehr Zeit lässt, ist das auch kein Grund zur Sorge (kindergesundheit-info.de)! Außerdem steht in diesem Quartal auch die nächste Vorsorgeuntersuchung beim Kinderarzt an. Hier wird genau geschaut, ob sich dein Mini so entwickelt, wie es seinem Alter entspricht. Sollte dein Nachwuchs wider Erwarten in einem Bereich Unterstützung brauchen, wird das bei der Vorsorgeuntersuchung auffallen. Daher: Unbedingt hingehen!

Da dein Kind nun wahrscheinlich schon in einem Kinderhochstuhl sitzen kann, wird es an den „normalen Mahlzeiten" teilnehmen. Auch wenn Mini vielleicht noch nicht ganz genau die gleichen Speisen isst, wie ihr als Eltern, so finden Mahlzeiten jetzt meist gemeinsam statt. Wenn der Boden unter dem Esstisch leicht zu reinigen ist, kann dein Mini vielleicht schon versuchen, selbst zu essen. Aber Vorsicht: Dabei landet meist mehr Essen auf dem Boden als in dem Kind.

Kommunikation wird nun immer wichtiger: Viele Kinder können in diesem Alter schon einige Worte sprechen. Andere Kinder kommunizieren eher über Mimik und Gestik. Auf jeden Fall ist die Interaktion mit deinem Mini jetzt schon viel leichter. Auch hier gilt: Lass dich nicht stressen, wenn andere Kinder in dem Alter schon mehr Wörter beherrschen. Der Kinderarzt überprüft, ob sich dein Kind altersgerecht entwickelt oder ob es Unterstützung braucht. Übrigens: Bilderbücher anschauen ist für die Sprachentwicklung immer von Vorteil – und macht Spaß!

Und hier ein kleiner Überblick über die Entwicklungen deines Nachwuchses im vierten Quartal:

» *Gewicht: Am Ende des vierten Quartals wiegen Kinder in der Regel zwischen neun und zehn Kilo. Die Körpergröße zum ersten Geburtstag liegt meist zwischen 74 und 84 cm.*

» *Kommunikation: Im vierten Quartal wird eifrig kommuniziert. Meist sprechen Kinder schon*

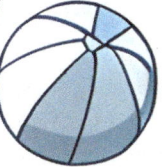

einige Wörter. Auch das Wiederholen von einfachen Melodien beherrschen jetzt schon etliche.

» *Motorik:* Zumindest mit Festhalten oder Anlehnen können die meisten Kinder jetzt schon sicher auf den eigenen zwei Füßen stehen. Auch das Hinsetzen, sowohl aus dem Liegen als auch aus dem Stehen, funktioniert gut.

» *Feinmotorik:* Kinder beherrschen nun den sogenannten Pinzettengriff meist sehr sicher. Dabei können auch kleine Gegenstände mit Daumen und Zeigefinger festgehalten werden.

RAN AN DEN SPECK: FETT WEG – MUSKELN WACHSEN

Übung 16: Flieger – Mucki-Training für Papa und Mini

Wozu die Übung gut ist:

- Stärkung der Armmuskulatur von Papa
- Stärkung der Brustmuskulatur von Papa
- Stärkung der Körperspannung beim Nachwuchs

Das brauchst du:

1. *Yogamatte oder eine andere weiche Unterlage*
2. *Wichtig: Dein Baby muss seinen Kopf selbst für längere Zeit halten und eine ausreichende (altersgerechte) Körperspannung aufbauen und beibehalten können.*
3. *Musik: Am besten ein Flugzeug-Lied, bei dem ihr laut mitsingen könnt. So unterstützt du ganz nebenbei noch die sprachliche Entwicklung von Mini.*

So funktioniert die Flieger-Übung mit dem Mini:

- Nimm deinen Nachwuchs auf den Arm, so dass ihr euch anschauen könnt. Umfasse mit beiden Händen den Oberkörper deines Kindes (unterhalb der Arme).
- Lege dich auf den Rücken auf die Yogamatte. Deine Beine sind leicht gespreizt und deine Füße auf dem Boden aufgestellt.
- Nun kannst du deinen Nachwuchs hoch in die Luft heben, indem du langsam deine Arme ausstreckst.

- Lasse dein Kind etwas nach vorne und hinten sowie zu beiden Seiten „fliegen", indem du deine Arme in diese Richtungen bewegst.

- Jetzt kommt der Sinkflug: Beuge deine Arme, so dass sich Mini deinem Bauch nähert und halte diese Position kurz, ehe du die Arme wieder streckst.

Und so trainierst du:
Anmerkung: Je größer und schwerer dein Nachwuchs ist, desto anstrengender und herausfordernder wird die Übung.

» *Absoluter Beginner: 10 – 12 Wiederholungen, 3 Sätze; in den Pausen (30 – 60 Sekunden) kannst du deinen Nachwuchs auf deinem Bauch „parken".*

» *So-la-la: 12 – 15 Wiederholungen, 3 - 4 Sätze; in den Pausen (30 – 60 Sekunden) kannst du deinen Nachwuchs auf deinem Bauch „parken".*

» *Profi-Papa: 15 – 20 Wiederholungen, 5 Sätze; in den Pausen (30 Sekunden) kannst du deinen Nachwuchs auf deinem Bauch „parken".*

Übung 17: Bein- und Bizeps-Training

Wozu die Übung gut ist:

- Stärkung der Bein- und Pomuskulatur bei Papa
- Stärkung der Muskelgruppen in den Armen, Schultern und der Brust bei Papa
- Stärkung der Körperspannung für den Nachwuchs

Das brauchst du:

1. **Die Übung kann drinnen und draußen ausgeführt werden.**
2. **Drinnen solltest du dich auf eine rutschfeste Yogamatte stellen, draußen auf eine Rasenfläche.**

So funktioniert das Bein-und-Bizeps-Training mit dem Mini:

- Nimm deinen Nachwuchs auf den Arm, so dass ihr euch anschauen könnt. Umfasse mit beiden Händen den Oberkörper deines Kindes (unterhalb der Arme).
- Stelle dich aufrecht hin, wobei deine Füße einen etwa hüftbreiten Abstand haben. Die Fußspitzen zeigen leicht nach außen.
- Deine Arme sind leicht angewinkelt, so dass du Mini vor der Brust hältst.
- Senke deinen Po nun nach unten, indem du die Beine anwinkelst – wie bei einer normalen Kniebeuge.
- Halte die tiefe Position einen Augenblick, ehe du deinen Körper langsam wieder aufrichtest.

Und so trainierst du:
Anmerkung: Je größer und schwerer dein Nachwuchs ist, desto anstrengender und herausfordernder wird die Übung.

» *Absoluter Beginner: 10 Wiederholungen, 2 – 3 Sätze; in den Pausen (30 – 60 Sekunden) kannst du dein Baby „normal" in den Arm nehmen, um deine Arme zu entlasten.*

» *So-la-la: 15 Wiederholungen, 3 – 5 Sätze; in den Pausen (30 Sekunden) kannst du dein Baby „normal" in den Arm nehmen, um deine Arme zu entlasten.*

» *Profi-Papa: 15 – 20 Wiederholungen, 5 – 8 Sätze; in den Pausen (30 Sekunden) kannst du dein Baby „normal" in den Arm nehmen, um deine Arme zu entlasten.*

Übung 18: Die Baby-Schaukel

Wozu die Übung gut ist:

- Ausdauertraining für Papa
- Stärkung von Bauch, Beine und Po von Papa
- Training der Arme von Papa

Das brauchst du:

1. *Yogamatte oder andere weiche Unterlage*

So funktioniert die Baby-Schaukel mit dem Mini:

- Lege dich auf den Rücken auf die weiche Unterlage und setze deinen Mini auf deinen Bauch, so dass ihr euch anschauen könnt. Umfasse mit beiden Händen den Oberkörper deines Kindes (unterhalb der Arme).

- Winkele deine Beine an und hebe zuerst die Füße und dann auch den Kopf vom Boden hoch.

- Jetzt machst du schaukelnde Bewegungen, so dass abwechselnd deine Schultern und dein Po vom Boden abheben.

- Um die Übung noch schwerer zu gestalten, kannst du die Beine lang ausstrecken, ohne die Füße auf den Boden abzusetzen.

- Eine weitere Möglichkeit, die Schwierigkeit zu erhöhen besteht darin, dass du deinen Mini zwischendurch durch das Ausstrecken deiner Arme in die Luft hebst.

Und so trainierst du:

» *Absoluter Beginner: 30 Sekunden am Stück, 20 Sekunden Pause, 2 Sets*

» *So-la-la: 30 Sekunden am Stück, 20 Sekunden Pause, 3 Sets*

» *Profi-Papa: 60 Sekunden am Stück, 20 Sekunden Pause, 3 Sets*

ERNÄHRUNGSHINWEISE

Ernährungs-Tipps für Mini: Was? Wie viel? Wie oft?

- **Im Rahmen des Beikost-Plans isst dein Kind jetzt unterschiedliche Brei-Sorten.**

- **Belegte Brote, beispielsweise mit Streichkäse oder Streichwurst, aber auch mit Mandel- oder Cashewmus, dürfen jetzt verspeist werden.**

- **Gekochte Nudeln kann der Nachwuchs schon alleine essen. Am besten eignen sich Nudeln, die einfach mit den Fingern zu greifen sind.**

- **„Schwarzbrot-Plätzchen": Mit Plätzchen-Formen kannst du diese aus einer Scheibe Schwarzbrot ausstechen.**

Ernährungs-Tipps für Papa: Schnelle und gesunde Snacks

- Banane-Schoko-Eissnack: Schneide eine Banane in Scheiben und lege diese auf ein Brettchen, das in den Tiefkühler passt. Verteile geschmolzene Kuvertüre über den Bananenstücken. Der Snack wird über Nacht ins Tiefkühlfach gelegt.

10.–12. MONAT

ERSTES WORT:

VON　　　BIS

GEWICHT ZU BEGINN:

GEWICHT ZUM ENDE:

GRÖSSE ZU BEGINN:

GRÖSSE ZUM ENDE:

DAS HAT MINI IN DIESEN MONATEN GELERNT:

WICHTIGE „TERMINE":

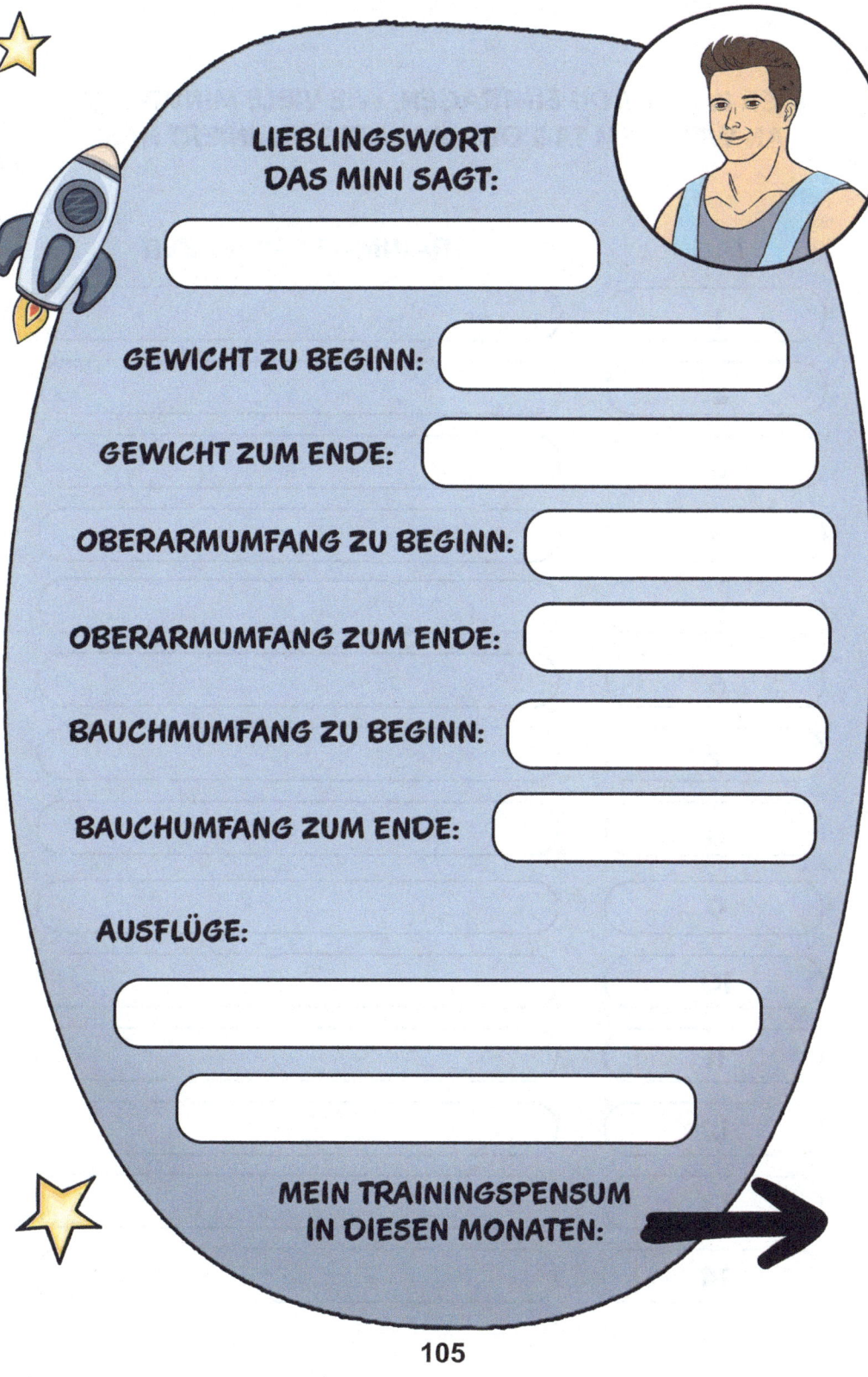

HIER KANNST DU EINTRAGEN, WIE VIELE MINUTEN DU AN WELCHEM TAG DES MONATES TRAINIERT HAST.

TAG	TRAINIGSEINHEIT / ZEIT
1	
2	
3	
4	
5	
6	
7	
8	
9	
10	
11	
12	
13	
14	

15	
16	
17	
18	
19	
20	
21	
22	
23	
24	
25	
26	
27	
28	
29	
30	
31	

KAPITEL 8
2. LEBENSJAHR
(13. BIS 24. MONAT)

INFOSEITE: DAS KANN DEIN NACHWUCHS IM ZWEITEN LEBENSJAHR!

Dein Kind hat nun seinen ersten Geburtstag gefeiert! Wahrscheinlich waren dieses Mal eher Erwachsene die Gäste, vielleicht noch Cousins und Cousinen. Beim zweiten Geburtstag sieht das dann vermutlich schon anders aus. Je nachdem, ob dein Nachwuchs im zweiten Lebensjahr in eine (Vor-)Kita oder zur Tagesmutter oder zum Tagesvater geht und dort erste Freundschaften schließt. Und das alleine zeigt schon: Im zweiten Lebensjahr wird es wieder viele Veränderungen im Leben deines Kindes geben!

Am Ende des zweiten Lebensjahres wird dein Nachwuchs schon sehr sicher laufen können. Auch die Sprachentwicklung hat einen großen Schritt nach vorne gemacht. Die meisten Kinder plappern jetzt schon eifrig. Aber der Reihe nach:

Im ersten Halbjahr, wenn dein Mini 13 bis 18 Monate alt ist, stehen folgende Entwicklungsschritte im Vordergrund:

» *Motorik: Mini möchte jetzt immer häufiger alleine mit Löffel oder Gabel den Brei essen oder die Brotstückchen aufspießen. Das klappt auch zunehmend besser – aber eben nicht immer. Auch Türme aus Bauklötzen werden nun gerne gebaut und noch lieber umgeworfen. Leider sind sie nicht das Einzige: Auch Gläser, Vasen und alles andere, was in Reichweite ist, werden mit Vorliebe umgekippt.*

» *Kommunikation: Mini lernt immer mehr neue Wörter und kann daher seine Wünsche besser zum Ausdruck bringen. Außer den Eltern (und weiteren engen Bezugspersonen) verstehen andere Personen die Kommunikation deines Kindes aber noch nicht unbedingt.*

» *Emotionen: Mini weiß ganz genau, wer seine engsten Bezugspersonen sind und lässt diese nur ungern gehen. Dein Nachwuchs leidet mitunter unter starken Trennungsängsten. Dann heißt es: Beruhigen! Andererseits gefällt es Kindern in dem Alter schon, neben anderen Kindern zu spielen. Das sogenannte Parallelspiel bedeutet, dass zwei oder mehrere Kinder jeweils für sich spielen und es genießen, dass ein anderes Kind in der Nähe ist. Bis zum gemeinsamen Spielen dauert es noch etwas.*

Die nächsten Schritte in die „Selbstständigkeit" geht dein Nachwuchs im zweiten Halbjahr, als zwischen dem 19. und dem 24. Monat:

» *Motorik: Treppe rauf – Treppe runter. Viele Kinder sind begeistert, was sie nun schon alles können. Manche können sogar schon rennen oder Bälle werfen. Andere lassen sich damit noch etwas Zeit.*

» *Kommunikation: Zum zweiten Geburtstag hin sprechen die meisten Kinder Sätze aus mindestens zwei Wörtern. Auch die eigenen Gefühle werden immer klarer kommuniziert. Das hat jedoch auch zur Folge, dass oft und vehement „Nein!" gesagt wird.*

» *Emotionen: Mini möchte Dinge nun alleine machen. Viele Kinder können inzwischen schon gut einige Stunden von den Eltern getrennt sein – etwa bei den Großeltern oder der Tagesmutter/ dem Tagesvater. Dennoch tauchen manchmal plötzlich Trennungsängste auf, und dann können nur Mama oder Papa helfen! Gerade Kinder, die schon früh in einer (Vor-)Kita oder bei Tageseltern sind, beginnen jetzt, mit anderen Kindern gemeinsam zu spielen. Ach ja: Und zum Ende des zweiten Lebensjahres beginnen bei vielen Kindern die Trotzanfälle. Da hilft nur: Tief durchatmen und ruhig bleiben!*

Wichtig: Jedes Kind entwickelt sich anders. Manche Kinder benötigen aber ab und an ein wenig mehr Hilfe als andere. Ob das bei deinem Kind der Fall ist, wird in den Vorsorgeuntersuchungen beim Kinderarzt festgestellt.

RAN AN DEN SPECK: FETT WEG – MUSKELN WACHSEN

Übung 19: Wandern mit „Sparringspartner"

Wozu die Übung gut ist:

- steigert Kondition
- verbrennt Kalorien
- verringert Risiko für Herz-Kreislauf-Erkrankungen
- wirkt entspannend

Das brauchst du:

1. *gute Baby-Rückentrage (unbedingt Mini beim Kauf mitnehmen und Probesitzen lassen) inklusive Regen- und Sonnenschutz*
2. *Wanderschuhe*
3. *Bekleidung, die atmungsaktiv ist*
4. *Wetterschutz (je nach Wetter: Sonnencreme, Hut/Kappe, Regenschutz)*

So funktioniert das Wandern mit dem Mini:

- **Setze deinen Nachwuchs bereits vor der ersten richtigen Wanderung für Spaziergänge in die Rückentrage.**
- **Die Wanderungen sollten sich in Bezug auf Länge und Schwierigkeitsgrad langsam steigern.**
- **Wichtig: Achte auf Sicherheit, denn dein Mini sitzt auf deinem Rücken. Deshalb solltest du nur Wanderungen mit sicheren Wegen auswählen.**

Und so trainierst du:

» *Absoluter Beginner:* Mini-Wanderungen (im heimischen Umfeld), Dauer jeweils ca. 45 Minuten

» *So-la-la:* Mini-Wanderungen (im heimischen Umfeld), Dauer jeweils ca. 60 Minuten

» *Profi-Papa:* richtige Wanderung, Dauer maximal 120 Minuten

» *Profi-Papa PLUS:* lange Wanderung von 4 – 6 Stunden; unbedingt Pausen einplanen – insbesondere für Mini

Übung 20: Die Mondrakete

Wozu die Übung gut ist:

- Ganzkörperübung
- Stärkung der Arm-, Schulter- und Brustmuskulatur
- Stärkung der Bein- und Pomuskulatur

Das brauchst du:

1. ausreichend hohen Raum
2. *ideal:* Führe die Übung im Freien aus.

So funktioniert die Mondrakete mit dem Mini:

- Stelle dich mit hüftbreit aufgestellten Füßen auf den Boden. Gehe etwas in die Knie. Dein Mini steht dir gegenüber und ihr schaut euch an.

- Nun umfasst du den Rumpf deines Kindes mit beiden Händen kurz unterhalb der Achseln.

- Jetzt richtest du dich langsam auf und hebst Mini dabei mit hoch, so dass dein Nachwuchs auf Brusthöhe ist.

- Strecke die Arme nach oben – und lass deinen Nachwuchs so „zum Mond fliegen".

- Nach einer kurzen Pause landet Mini wieder vor deiner Brust und im nächsten Schritt, wenn du zurück in die Knie gehst, wieder mit beiden Füßen auf dem Boden.

- Achte während der gesamten Übung darauf, deinen Rücken gerade zu halten und die Bauchmuskulatur anzuspannen.

Und so trainierst du:

» *Absoluter Beginner: 5 Wiederholungen, 2 – 3 Sätze (60 Sekunden Pause)*

» *So-la-la: 10 Wiederholungen, 3 – 5 Sätze (60 Sekunden Pause)*

» *Profi-Papa: 15 Wiederholungen, 5 – 7 Sätze (30 Sekunden Pause)*

Übung 21: Super-Flieger

Wozu die Übung gut ist:

- **Stärkung der Arm-, Schulter- und Brustmuskulatur**
- **Stärkung des Rumpfes**

> Das brauchst du:
> 1. *Yogamatte*
> 2. *Wiese im Freien*

So funktioniert der Superflieger mit dem Mini:

- Lege deinen Nachwuchs auf deine Arme, so dass Mini quer vor dir schwebt. Dazu fasst du mit dem einen Arm unter die Brust, mit dem anderen Arm zwischen denen Beinen deines Kindes hindurch unter den Bauch.

- Stelle dich mit leicht gespreizten Beinen hin und beuge den Oberkörper so weit nach vorne, bis er beinahe parallel zum Boden ist. Wichtig: Der Rücken muss gerade sein! Spanne deine Bauchmuskeln an!

- Jetzt hebst und senkst du deinen Nachwuchs rein aus den Armen auf und ab, indem du deine Arme anwinkelst und wieder (nahezu) gerade machst.

- Bei dieser Übung geht es nicht um eine bestimmte Anzahl der Ausführungen, sondern um die Dauer.

Und so trainierst du:

» *Absoluter Beginner: 2 x Übung 30 Sekunden lang ausführen, dazwischen 30 – 60 Sekunden Pause*

» *So-la-la: 1 x Übung 60 Sekunden lang ausführen, 30 – 60 Sekunden Pause, dann 1 x Übung 30 Sekunden lang ausführen*

» *Profi-Papa: 2 x Übung 60 Sekunden lang ausführen, dazwischen 30 – 60 Sekunden Pause*

ERNÄHRUNGSHINWEISE

Ernährungs-Tipps für Mini: Was? Wie viel? Wie oft?

- **Wie die Großen:** Mini kann jetzt die gleichen Sachen essen wie du! Allerdings sollte das Essen weniger stark gewürzt sein. Das Gleiche gilt für die Verwendung von Salz.

- **5 statt 3:** Dabei geht es um die Anzahl der Mahlzeiten.

- **5 am Tag:** Das bezieht sich auf die Portionen Obst und Gemüse, die dein Nachwuchs im Idealfall jeden Tag verzehrt.

- Als Getränke eignen sich Wasser, ungesüßte Tees und – ausnahmsweise – Saft-Schorlen (mehr Wasser als Saft!).

- Zucker und Süßigkeiten sollten sparsam konsumiert werden.

Ernährungs-Tipps für Papa (und Mini): Schnelle und gesunde Snacks

- **Waffeln:** Dinkelmehl (70 g), gemahlene Mandeln (30 g), 1 Ei, ungesüßtes Apfelmus (120 g), Rapsöl (1 EL); dazu frische Erdbeeren oder andere Beeren

- **Vollkorn-Pizza-Muffins:** Muffinblech und Muffinförmchen aus Papier; Vollkornmehl (200 g), Backpulver (2 TL), Buttermilch (250 ml) oder Quark (120 g) und Milch (100 ml), 1 Ei, Olivenöl (50 ml), geriebener Käse (100 g), geschnittene Cocktail-Tomaten (100 g), Erbsen oder Mais (50 g), Schinken oder Vegi-Salami (100 g), Gewürze (nach Geschmack, z. B. 2 TL italienische Gewürze); Backzeit ca. 20 – 25 Minuten (180 Grad Ober-/Unterhitze)

2. JAHR

LIEBLINGSSNACK:

VOM **BIS**

GEWICHT ZUM JAHRESBEGINN:

GEWICHT ZUM JAHRESENDE:

GRÖSSE ZUM JAHRESBEGINN:

GRÖSSE ZUM JAHRESENDE:

DAS HAT MINI IN DIESEM JAHR GELERNT:

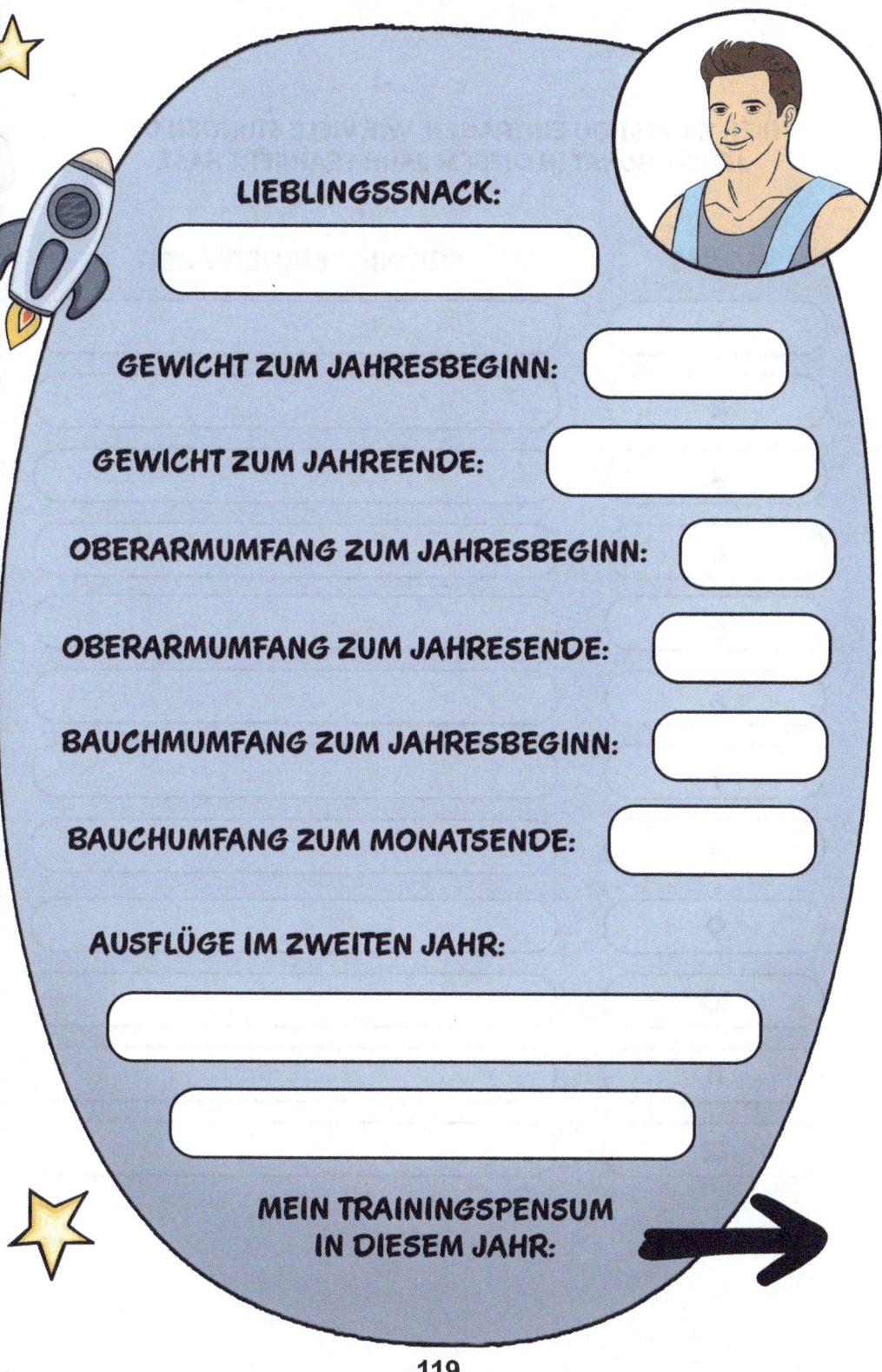

LIEBLINGSSNACK:

GEWICHT ZUM JAHRESBEGINN:

GEWICHT ZUM JAHREENDE:

OBERARMUMFANG ZUM JAHRESBEGINN:

OBERARMUMFANG ZUM JAHRESENDE:

BAUCHMUMFANG ZUM JAHRESBEGINN:

BAUCHUMFANG ZUM MONATSENDE:

AUSFLÜGE IM ZWEITEN JAHR:

MEIN TRAININGSPENSUM IN DIESEM JAHR:

HIER KANNST DU EINTRAGEN, WIE VIELE STUNDEN DU JEDEN MONAT IN DIESEM JAHR TRAINIERT HAST.

MONAT	TRAINIGSEINHEIT / ZEIT
1	
2	
3	
4	
5	
6	
7	
8	
9	
10	
11	
12	

KAPITEL 9 - ANHANG

PAPA-BABY-BUCKETLIST

Wahrscheinlich hast du es jetzt schon viel zu oft gehört. Trotzdem – es stimmt: Für dich wird es sich beim 18. Geburtstag deines Nachwuchses so anfühlen, als sei die Babyzeit eben erst gewesen. Nutze die Zeit, um gemeinsame Erinnerungen zu schaffen! Eine gute Papa-Kind-Beziehung wird nicht durch große Geschenke geprägt. Was bleibt, sind Erinnerungen an tolle gemeinsame Erlebnisse. Deshalb findest du hier eine Papa-Baby-Bucketlist für die ersten zwei Lebensjahre!

Babymassage

Mit der Babymassage kannst du schon im ersten, spätestens im zweiten Lebensmonat beginnen. Entweder du besuchst einen Kurs oder du massierst deinen Mini einfach zuhause. Sorge immer dafür, dass es angenehm warm in dem Raum ist, denn du wirst dein Baby komplett ausziehen. Nimm dir Zeit, mache euch eine entspannende Musik an. Lege dein Baby auf eine weiche Unterlage und darauf eine Wickelunterlage. Für die Massage brauchst du Babymassageöl. Eine Babymassage fördert die Entwicklung von Motorik und Körperwahrnehmung. Die sanfte Massage beruhigt und entspannt dein Baby. Außerdem stärkt es eure Beziehung.

Und so funktioniert die Babymassage:

- » *Für die Babymassage sollte Mini wach, ausgeruht und nicht krank sein.*
- » *Wichtig: Es geht eher um ein Streicheln als um ein herzhaftes Massieren.*
- » *Beginne mit Brust und Bauch.*
- » *Massiere dann die Füße. Aber Achtung: Nicht kitzeln!*
- » *Jetzt kannst du die Arme massieren.*
- » *Wenn dein Kind mag, lege es auf den Bauch, um sanft den Rücken zu massieren.*
- » *Zum Schluss kannst du mit den Fingerspitzen ganz sacht die Schläfen massieren.*

Macht einen Baby-Schwimmkurs

Ab dem Alter von 10 Wochen kannst du mit deinem Mini einen Schwimmkurs besuchen. Die Kurse finden in speziellen Schwimmbädern statt. Hier ist es garantiert warm genug für dein Baby – für dich wahrscheinlich etwas zu warm. Das Babyschwimmen macht (fast) allen Babys Spaß. Sie fühlen sich an die Zeit in Mamas Bauch erinnert: Es ist warm, und sie können sich treiben lassen. Im Wasser können sie ihre Muskeln trainieren, ohne diese zu überlasten. Koordination und Gleichgewicht werden verbessert. Und: Schwimmen macht Babys müde, was (bei den meisten Babys) zu einer Verbesserung des Schlafverhaltens beiträgt.

Suche dir eine Papa-Baby-Gruppe

In vielen Städte und Gemeinden gibt es Papa-Baby-Gruppen. Hier finden regelmäßige Treffen statt. Die Papa-Baby-Gespanne treffen sich in Familiencafés, Gemeindezentren oder anderen geeigneten Räumen. Manche Anbieter von PEKiP-Kursen haben auch spezielle Kurse für Papas mit ihren Babys. In diesen Gruppen kannst du nicht nur gemeinsame Zeit mit deinem Mini verbringen, sondern auch Zeit mit anderen Papas. Ihr habt die Möglichkeit, euch austauschen. Sobald der Nachwuchs größer ist, könnt ihr zusammen auf den Spielplatz gehen. Dann hast du einen männlichen Gesprächspartner, statt dich mit den Mamas auf dem Spielplatz unterhalten zu müssen. Plus: Vielleicht schließt dein Mini in der Papa-Baby-Gruppe die ersten Freundschaften zu Gleichaltrigen.

Unternehmt einen Ausflug in den Zoo

Sobald dein Nachwuchs in einem Buggy sitzen kann, wird er bei Spaziergängen die Welt bestaunen. Jetzt ist der perfekte Zeitpunkt für einen ersten Ausflug in den Zoo. Zusammen könnt ihr den niedlichen Erdmännchen zuschauen, Löwen und Tiger aus sicherer Entfernung beobachten und die langen Hälse der Giraffen bestaunen. Wähle am besten einen Tag und eine Uhrzeit aus, zu der es im Zoo nicht allzu voll ist. Außerdem brauchst du einiges an Gepäck: Wetterschutz, Getränke und Snacks und das Wissen, dass dein Nachwuchs das Tempo vorgibt. Wenn dein Mini von den vielen neuen Eindrücken überwältigt ist, dann solltet ihr einfach wieder nach Hause fahren.

Bleibende Erinnerung: Macht ein Papa-Baby-Shooting

Egal ob du einen Waschbrett- oder einen Waschbär-Bauch hast: Vereinbare einen Termin bei einem Fotografen, der sich auf Papa-Baby-Fotos spezialisiert hat. Dein Baby wird so schnell größer werden – und schon hast du den Moment für diese unvergesslichen Fotos verpasst. Damit du dich beim Shooting auch wohl fühlst, schau dir die Arbeitsbeispiele verschiedener Fotografen auf den Internetseiten an. Sicher findest du Fotos, die auch zu dir und deinem Mini passen. Für das Shooting solltest du mehrere Outfits und den Wickelrucksack mitnehmen. Babys machen am besten beim Shooting mit, wenn sie satt und ausgeschlafen sind. Die fertigen Fotos sind tolle Erinnerungen für dich und deinen Nachwuchs und ein einzigartiges Geschenk für die Mama von Mini.

Euer persönlicher „Walk of Fame"

Auf dem „Walk of Fame" in Hollywood haben sich ausgewählte Stars verewigt. Das könnt ihr auch: Kaufe eine Leinwand und Fingerfarbe. Für die Ausführung solltest du entweder an einem warmen Tag in den Garten gehen oder das Wohnzimmer mit Plastikfolie auslegen. Zieh Mini am besten einen Malkittel über oder – wenn es warm genug ist – bis auf die Windel ganz aus. Dann bestreichst du nacheinander eure Hände mit Fingerfarbe und ihr macht Handabdrücke auf der Leinwand. Schreibe zum Schluss eure Namen und das Datum unter die Handabdrücke. Fertig ist die perfekte Wanddekoration!

Besucht einen Indoor-Spielplatz

Ein Indoor-Spielplatz ist eine große Halle, in der Kinder (und Eltern) auch bei Regenwetter toben können. Die meisten Indoor-Spielplätze haben auch einen gesonderten Bereich für kleine Kinder bis maximal drei Jahre. Hier gibt es neben Rutschen, Bällebädern, Schaukel- und Wippgeräten meist auch einen Mini-Kletterparcours. Sobald dein Nachwuchs krabbeln kann, spätestens mit den ersten Schritten, ist ein Ausflug zu einem Indoor-Spielplatz ein großer Spaß.

Geht in einen Tierpark oder fahrt auf einen Erlebnis-Bauernhof

Je nachdem wie viel Zeit du zur Verfügung hast, kannst du mit deinem Nachwuchs einen Tag (oder Nachmittag) in einem Tierpark oder ein Wochenende auf einem Erlebnis-Bauernhof verbringen. Hier könnt ihr Schweine, Kühe, Hühner und Co. aus nächster Nähe betrachten. Meist lassen sich die Tiere auch füttern und streicheln. Auf einem Erlebnis-Bauernhof könnt ihr frische Milch (erst ab dem ersten Geburtstag!) oder frisch gelegte Eier verspeisen. Gerade für Stadtkinder ist so ein Ausflug in die Natur etwas Besonderes.

Baut euch eine Höhle

Kinder lieben es, Höhlen zu bauen. Spätestens kurz vor dem zweiten Geburtstag ist der perfekte Zeitpunkt, um damit mit deinem Nachwuchs anzufangen. Ihr könnt wahlweise Decken über Tische legen oder einen großen Pappkarton mit Schere und Farben in ein tolles Haus verwandeln.

Außerdem gibt es Schaumstoff-Bauklötze, aus denen immer neue Höhlen gebaut werden können. Höhlenbauen – auch mit Papa – begeistert Kinder meist noch viele Jahre!

Besucht ein Kindertheater oder ein Kinderkonzert

Mit knapp zwei Jahren könnt ihr mit dem Mini das erste Mal ins Theater oder auf ein Konzert gehen. Achtet bei der Auswahl unbedingt auf die Altersempfehlung! Ein Theaterstück oder ein Konzert für so kleine Kinder ist so konzipiert, dass das Publikum nicht überfordert wird. Das bedeutet, dass die Veranstaltung nicht zu lange dauert und die Lieder und Texte so gestaltet sind, dass die Kinder mitmachen können. Die Kinder müssen also nicht die ganze Zeit still am Platz sitzen. Sie sind Teil der Veranstaltung. Die Musiker und Schauspieler haben in der Regel auch eine pädagogische Ausbildung und sind nicht „nur" Künstler.

> **AUF DEN NÄCHSTEN SEITEN HAST DU VIEL PLATZ, UM EURE PAPA-MINI MEILENSTEINE EINZUTRAGEN! BEGINNEN WIR GANZ AM ANFANG!** →

WANN UND WIE HAST DU ERFAHREN, DASS DU PAPA WIRST?

WIE HAST DU MINI WÄHREND DER SCHWANGERSCHAFT GENANNT?

WANN HAST DU DAS ERSTE MAL EIN ULTRASCHALL-BILD VON DEINEM MINI GESEHEN?

WANN HAST DU DAS ERSTE MAL DIE TRITTE VON MINI DURCH DIE BAUCHDECKE GESPÜRT? WIE HAT SICH DAS ANGEFÜHLT?

WARST DU BEI DER GEBURT DABEI? WANN HAST DU DEINEN NACHWUCHS DAS ERSTE MAL IM ARM GEHALTEN? WIE WAR DAS?

WENN DER PAPA MIT DEM MINI:

HIER KANNST DU EIN FOTO VON EUCH BEIDEN EINKLEBEN!

DAS ERSTE MAL ...:
TRAGE HIER DAS JEWEILIGE DATUM UND EINEN KURZEN KOMMENTAR EIN!

MINIS ERSTES LÄCHELN:

MINI DREHT SICH ALLEINE UM:

MINI KANN SITZEN:

MINIS ERSTER ZAHN:

MINI WIRD MOBIL (KRABBELN, ROBBEN USW.):

DIE ERSTEN SCHRITTE:

MINI HAT DAS ERSTE MAL „PAPA" GESAGT:

PAPA-MINI-ZEIT:
DAS HABT IHR IM ERSTEN JAHR ZUSAMMEN ERLEBT!

VOM SCHWIMMBADBESUCH ÜBER DIE KRABBELGRUPPE BIS ZUM URLAUB-OHNE-MAMA: TRAGE HIER EIN, WAS IHR ZUSAMMEN GEMACHT HABT:

HAFTUNGSAUSSCHLUSS

Die Umsetzung aller enthaltenen Informationen, Anleitungen und Strategien dieses Buchs erfolgt auf eigenes Risiko. Für etwaige Schäden jeglicher Art kann der Autor aus keinem Rechtsgrund eine Haftung übernehmen. Für Schäden materieller oder ideeller Art, die durch die Nutzung oder Nichtnutzung der Informationen bzw. durch die Nutzung fehlerhafter und/oder unvollständiger Informationen verursacht wurden, sind Haftungsansprüche gegen den Autor grundsätzlich ausgeschlossen. Ausgeschlossen sind daher auch jegliche Rechts- und Schadensersatzansprüche. Dieses Werk wurde mit größter Sorgfalt nach bestem Wissen und Gewissen erarbeitet und niedergeschrieben. Für die Aktualität, Vollständigkeit und Qualität der Informationen übernimmt der Autor jedoch keinerlei Gewähr. Auch können Druckfehler und Falschinformationen nicht vollständig ausgeschlossen werden. Die Bilder stammen von der Homepage www.pixabay.com und es handelt sich um lizenzfreie Fotos. Für fehlerhafte Angaben vom Autor kann keine juristische Verantwortung sowie Haftung in irgendeiner Form übernommen werden.

URHEBERRECHT

Alle Inhalte dieses Werkes sowie Informationen, Strategien und Tipps sind urheberrechtlich geschützt. Alle Rechte sind vorbehalten. Jeglicher Nachdruck oder jegliche Reproduktion – auch nur auszugsweise – in irgendeiner Form wie Fotokopie oder ähnlichen Verfahren, Einspeicherung, Verarbeitung, Vervielfältigung und Verbreitung mit Hilfe von elektronischen Systemen jeglicher Art (gesamt oder nur auszugsweise) ist ohne ausdrückliche schriftliche Genehmigung des Autors strengstens untersagt. Alle Übersetzungsrechte vorbehalten. Die Inhalte dürfen keinesfalls veröffentlicht werden. Bei Missachtung behält sich der Autor rechtliche Schritte vor.

IMPRESSUM

© Anton Hofmann
2024
1. Auflage
Alle Rechte vorbehalten.
Nachdruck, auch in Auszügen, nicht gestattet.
Kein Teil dieses Werkes darf ohne schriftliche Genehmigung des Autors in irgendeiner Form reproduziert, vervielfältigt oder verbreitet werden.
Kontakt: Belinda Derflinger, Auergütlweg 10, 4030 Linz, Österreich

Kontaktaufnahme: info@rbm-publishing.de

Made in the USA
Monee, IL
03 May 2026